GOD
DELIVERS

2

하나님의
구출 계획

The Gospel Project for Kids

is published quarterly by LifeWay Christian Resources,
One LifeWay Plaza, Nashville, TN 37234, Thom S. Rainer, President
© 2015 LifeWay Christian Resources
Translated and used by permission of LifeWay Christian Resources

This Korean translation edition © 2017 by Duranno Ministry,
38, Seobinggo-ro 65-gil, Yongsan-gu, Seoul, Republic of Korea
Published by arrangement with LifeWay Christian Resources

가스펠 프로젝트

2

구약

하나님의 구출 계획

저학년 교사용

지은이 · LifeWay Kids
옮긴이 · 안윤경
감수 · 김도일, 김병훈, 이희성

초판 발행 · 2017. 2. 13
2판 1쇄 발행 · 2023. 9. 11
등록번호 · 제1988-000080호
등록된 곳 · 서울특별시 용산구 서빙고로65길 38
발행처 · 사단법인 두란노서원
영업부 · 02)2078-3352, 3452, 3752, 3781 FAX 080-749-3705
편집부 · 02)2078-3437
표지디자인 · 더그램
활동연구 · 이경선, 한승우, 홍선아

책값은 뒤표지에 있습니다.
ISBN 978-89-531-4548-1 04230 / 978-89-531-4542-9 (세트)

홈페이지 · gospelproject.co.kr / 두란노몰 · mall.duranno.com

차례

이렇게 활용해 보세요! *4* / 발간사 *6* / 감수사 *7* / 추천사 *9*

1단원 **구출하시는 하나님**

1
모세를 부르셨어요
12

2
이스라엘 백성은 재앙을 피했어요
22

3
홍해를 건넜어요
30

4
광야에서 시험을 치렀어요
38

5
금송아지를 만들었어요
46

2단원 **거룩하신 하나님**

6
십계명 "하나님을 사랑하라"
56

7
십계명 "이웃을 사랑하라"
64

8
성막을 지었어요
74

9
하나님이 제사의 규칙을 정해 주셨어요
82

10
오직 하나님만 예배해요
90

11
하나님의 언약을 기억해요
98

복음 초청 가이드 *21* / 십계명 *73* / 단원 암송 *107* / 커리큘럼 *112*

이렇게 활용해 보세요!

① 단원 개요 · 각 과의 목표

● '가스펠 프로젝트'(하나님의 구원 계획)의 연대기적 큰 흐름 속에서 각 단원과 각 과의 주제를 살펴봅니다.

카운트다운 단원별로 제공되는 3분 카운트다운 영상(지도자용 팩)으로, 장소를 옮기거나 시간을 구분 짓는 방법으로 활용할 수 있습니다.

무대 배경 단원별 설교의 도입(들어가기)에서 공통적으로 활용할 수 있는 무대 데코 아이디어로, 배경 이미지(지도자용 팩)를 화면에 띄워 사용할 수 있습니다.

단원 암송 단원의 핵심 메시지가 담긴 성경 구절입니다.

성경의 초점 본문과 관련된 성경의 중심 주제(핵심 교리)를 문답 형식으로 정리한 문장입니다. 단원의 성경의 초점을 익히며 성경의 흐름을 이해하게 합니다.

주제 각 과의 핵심 줄거리를 파악할 수 있습니다.

가스펠 링크 성경 이야기에 담긴 복음을 발견하게 합니다. 모든 성경 이야기는 그리스도와 연결됩니다.

본문 속으로 이 과를 준비하며 묵상할 내용과 티칭 포인트를 제시합니다. 청장년용 《가스펠 프로젝트》로 교사 소그룹 모임에서 더 깊은 묵상을 나누며 성경 읽기를 병행할 것을 권유합니다. 부모 소그룹 모임은 교회와 가정을 연계해 교육 효과를 더욱 높여 줄 것입니다.

말씀 묵상 ②

● 말씀을 묵상하며 어떻게 가르칠 것인가를 기도로 준비합니다.

이야기 성경 '가스펠 설교'에서 사용하는 구어체 설교입니다. 같은 내용의 영상이 지도자용 팩에 있습니다.

③ 가스펠 준비

● 사전 활동을 살펴봅니다.

환영 아이들을 맞이하며 나눌 수 있는 대화의 소재를 제안합니다.

마음 열기 이 과의 주제와 연결된 간단한 게임 활동을 소개합니다.

④ 가스펠 설교

● 도입 - 전개 - 가스펠 링크 - 복음 초청 - 적용에 이르는 설교 가이드입니다.

들어가기 도입 아이디어를 소개합니다.

복음 초청 매주 복음을 전하고 영접 기도를 이끌 수 있는 초청 대화를 담 았습니다.

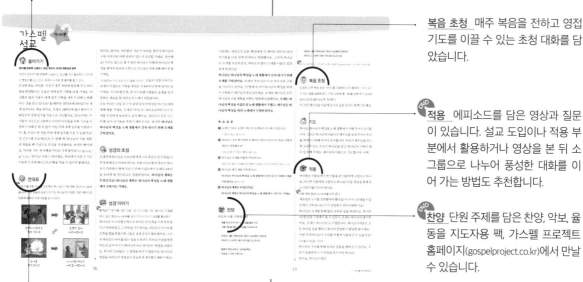

적용 에피소드를 담은 영상과 질문 이 있습니다. 설교 도입이나 적용 부 분에서 활용하거나 영상을 본 뒤 소 그룹으로 나누어 풍성한 대화를 이 어 가는 방법도 추천합니다.

찬양 단원 주제를 담은 찬양, 악보, 율 동을 지도자용 팩, 가스펠 프로젝트 홈페이지(gospelproject.co.kr)에서 만날 수 있습니다.

연대표 '가스펠 프로젝트'(하나님의 구원 계획)의 큰 흐름 속에서 이 과의 위치를 파악해 봅니다.

가스펠 소그룹 ⑤

● 예배 후 소그룹 모임에서 배운 내용을 되새길 수 있는 다양한 활동을 소개합니다.

보물 상자 성경의 메시지와 자신의 삶을 연결해 보고, 하 나님과 일대일 대화를 나누듯 마음을 고백하는 마무리 활 동입니다.

나침반 재미있는 게임 활동으로 단원 암 송을 익히게 합니다. 부록의 단원 암송 페이지와 지도자용 팩의 PPT를 활용할 수 있습니다.

탐험하기 성경 이야기의 의미를 묵상하며 주제, 가스펠 링크, 성경의 초점 등을 되새 기는 확장 활동입니다.

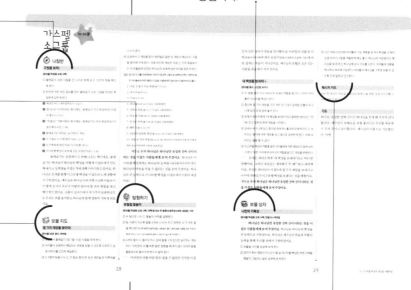

보물 지도 퀴즈와 게임을 통해 성경 이야 기를 되새기는 복습 활동입니다.

메시지 카드 각 과의 핵심 내용과 가족과 함께하는 활동 을 담았습니다.

*지도자용 팩의 PC 전용 DVD-Rom에 영상, 그림, 음원, 악보, PPT 등의 자료가 있습니다.

발간사

두란노서원을 통해 라이프웨이(LifeWay)의《가스펠 프로젝트》성경 공부 교재 시리즈를 발간할 수 있도록 인도하신 하나님께 감사드립니다. 험한 소리로 가득한 세상에 이 책을 다릿돌처럼 놓습니다. 우리 삶은 말씀을 만난 소리로 풍성해져야 합니다. 주님을 만난 기쁨의 소리, 진실 앞에서 탄식하는 소리, 죄를 씻는 울음소리, 소망을 품은 기도 소리로 가득해야 합니다.

《가스펠 프로젝트》는 신구약을 관통하는 예수 그리스도의 복음을 발견하고, 그 가르침을 삶에 적용하는 지혜를 얻도록 기획한 성경 공부 교재입니다. 어린아이부터 어른에 이르기까지 생애 주기에 따른 복음 메시지를 잘 배울 수 있습니다. 또한, 거짓 진리가 미혹하는 이 시대에 건강한 신학과 바른 교리로 말씀을 조명하여 성도의 신앙이 좌로나 우로나 치우치지 않도록 돕습니다.

두란노서원은 지금까지 "오직 성경, 복음 중심, 초교파적 관점"을 바탕으로 한국 교회와 성도를 꾸준히 섬겨 왔습니다. 오직 성경의 정신에 입각해 책과 잡지를 출판해 왔으며, 성경에 근거한 복음 중심의 신학을 포기한 적이 없습니다. 그리고 교단과 교파를 초월하여 교회와 성도가 하나님 나라를 바라볼 수 있도록 돕기 위해 노력해 왔습니다.《가스펠 프로젝트》는 두란노가 지켜 온 세 가지 가치를 충실하게 담은 책입니다.

성경은 구원을 위한 책이며, 구원사의 주인공은 예수 그리스도입니다. 창세기부터 요한계시록까지 오직 예수 그리스도의 복음만을 전하는《가스펠 프로젝트》성경 공부 교재를 통해 복음의 은혜와 진리를 깊이 경험하고, 복음 중심의 삶이 마음 판에 새겨지기를 바랍니다. 그리고 예수 그리스도 복음에 굳게 선 한 사람의 영향력이 가정과 교회와 사회에 흘러감으로써 거룩한 하나님 나라가 확산되어 가기를 소망합니다.

두란노서원 원장 이 형 기

감수사

✠ 《가스펠 프로젝트》는 어린이와 청소년 성경 공부를 위한 좋은 교재입니다. 그들이 이해할 수 있는 언어로 성경을 자세히 알 수 있도록 도와주고 있기 때문입니다. 어린이와 청소년의 발달심리에 익숙한 전문가들을 포함해 많은 사람이 참여해 애쓴 흔적이 보입니다.

《가스펠 프로젝트》는 인류를 향한 하나님의 구원 계획인 복음을 다음과 같은 과정으로 설명합니다. "첫째, 하나님은 다스리신다. 둘째, 우리는 죄를 범했다. 셋째, 그러나 하나님은 공급하신다. 넷째, 하나님의 아들 예수 그리스도께서는 우리에게 영생을 주시고 우리를 초청하신다. 다섯째, 우리는 예수님의 초청에 응답해야 한다." 이와 같이 《가스펠 프로젝트》는 복음을 주시는 하나님의 계획에 사람이 어떻게 반응해야 하는지를 간단하게, 그리고 핵심을 놓치지 않고 잘 설명합니다. 그러므로 《가스펠 프로젝트》에 참여하는 교사와 학생은 하나님의 주권과 언약, 신실하심과 사랑을 배우고 깊이 느낄 수 있을 것입니다. 성령의 인도하심에 순종하는 것이 얼마나 복된지 몸소 체험할 수 있을 것입니다.

그때, 그곳에서, 그들에게 주어졌던 하나님의 말씀을 지금, 여기에서, 우리에게 주어지는 하나님의 말씀으로 받아들이고 해석하려면 해석학적 간격(hermeneutical gap)이 존재한다는 점을 유념하고, 말씀을 적절하게 해석해 적용해야 합니다. 하나님의 말씀은 성령의 조명을 받아 학문이 없는 사람도 그 핵심적인 메시지를 이해할 수 있지만, 모든 성경을 자의적으로 해석하는 우를 범해서는 안 됩니다. 《가스펠 프로젝트》는 이러한 해석상의 오류를 최소한도로 줄여 줄 수 있다고 봅니다. 가능하면 말씀에 담긴 메시지를 전달하려고 노력했기 때문입니다. 이런 점에서 《가스펠 프로젝트》는 하나님의 마음을 더 깊이 이해하기 위한 기본적인 성경 지식을 제공해 주고, 말씀의 깊은 샘으로 들어가 맛있는 물을 마실 수 있도록 돕는 좋은 통로입니다.

《가스펠 프로젝트》로 성경을 공부하게 되면 성경 말씀을 사랑하게 될 것입니다. 어린이들과 청소년들도 '말씀이 참 재미있고 유익하구나'라고 느끼게 될 것입니다. 레너드 스윗이 말한 것처럼, 미래 세대는 경험적, 참여적, 이미지 중심적, 연결적(EPIC) 사역을 통해 말씀 속으로 자발적으로 들어와야 거룩한 하나님의 백성이 될 수 있기 때문입니다.

모쪼록 《가스펠 프로젝트》를 통해 모든 세대가 하나님을 더 넓고 깊게 알아 가며, 성령의 도우심 가운데 예수님의 튼실한 제자로 성장하기를 원합니다. 아울러 세상 속에서 하나님 나라를 확장시켜 나가는 하나님의 백성이 되는 기초를 체계적으로 다질 수 있기를 바랍니다. 《가스펠 프로젝트》는 오직 믿음, 오직 성경, 오직 은혜, 오직 그리스도를 통해 하나님께 영광 돌리는 데 큰 도움이 될 것입니다.

김도일 _ 장로회신학대학교, 기독교교육학 교수

✠ 《가스펠 프로젝트》는 무엇보다도 전통적으로 교회가 풀어 온 흐름을 충실히 따라 성경을 해설하고 있습니다. 그리고 그 방향은 궁극적으로 예수 그리스도를 향해 나아가고 있습니다. 이것은 예수님이 구약과 신약의 모든 성경이 자신을 가리키고 있다고 하신 말씀에 비추어 매우 타당한 것입니다. 게다가 그리스도 중심적 해설을 무리하게 전개하지 않습니다. 각 본문에서 하나님의 구원 언약과 그것을 실현하시는 하나님을 드러내면서, 그리스도의 예표적 설명이 가능한 사건을 놓치지 않고 풀어내고 있습니다.

성경 공부 교재는 명시적으로 혹은 암시적으로 제시하

는 교리적 진술이 교리 체계상 건전해야 합니다. 《가스펠 프로젝트》는 99개 조에 이르는 핵심 교리들을 일목요연하게 제시하여 교리의 건전성을 확인할 수 있도록 도움을 줍니다. 《가스펠 프로젝트》의 교리는 교파를 막론하고, 예수 그리스도의 복음에 충실한 복음주의 교회들에게 환영받을 만합니다. 물론 교파마다 약간의 이견을 갖는 부분들이 있을 수 있겠지만, 각 교회에서 교재를 활용하는 데에 무리가 없을 것입니다. 《가스펠 프로젝트》의 특징은 각 과에서 학습한 내용을 핵심 교리와 연결해 주며, 그 결과 그리스도의 복음에 관련한 교리적 이해를 강화시킨다는 데에 있습니다.

끝으로 《가스펠 프로젝트》는 어떤 성경 주해서나 교리 학습서가 갖지 못하는 훌륭한 장점을 가지고 있습니다. 그것은 학습자를 하나님과 그리스도의 복음 앞으로 이끌며, 자신의 신앙과 삶을 돌아보도록 하는 적용의 적실성과 훈련의 효과입니다. 아울러 본문과 관련한 교회사적으로 또 주석적으로 중요한 신학자와 목사의 어록을 제시하고, 심화 토론을 위한 질문을 달아 주고, 선교적 안목을 열어 주는 적용 질문들을 더해 준 것은 《가스펠 프로젝트》에서 얻을 수 있는 커다란 유익입니다.

추천할 만한 마땅한 성경 공부 교재를 찾기가 쉽지 않은 현실에서 《가스펠 프로젝트》는 성경을 개괄적으로 매주 한 과씩 3년의 기간 동안 일목요연하게, 그리고 그리스도 중심적으로 공부하도록 이끌어 준다는 점에서, 한국 교회의 기초를 성경 위에 놓는 일에 커다란 공헌을 할 것으로 믿어 의심치 않습니다.

김병훈 _ 합동신학대학원대학교 조직신학 교수

✝ "보라 날이 이를지라 내가 기근을 땅에 보내리니 양식이 없어 주림이 아니며 물이 없어 갈함이 아니요 여호와의 말씀을 듣지 못한 기갈이라"(암 8:11). 주전 8세기 아모스 선지자의 외침이 오늘 이 시대에 다시 메아리쳐 오고 있습니다. 두란노의 《가스펠 프로젝트》는 성도들이 겪고 있는 영적인 갈증과 혼란을 해소해 줄 수 있는 유익한 성경 공부 교재입니다.

첫째, 《가스펠 프로젝트》는 성경 전체 흐름과 문맥에 따라 구성되어 성경의 큰 그림을 볼 수 있도록 도와줍니다. 또 성경 각 본문의 의미를 깊이 이해할 수 있도록 해당 분야의 전문 성경 신학자들의 주석적 견해를 잘 소개하고 있습니다. 둘째, 본문 연구와 함께 관련 핵심 교리들을 적절하게 소개하여 성경과 교리를 연결할 수 있습니다. 또 모든 과에서 그리스도와의 연결점을 찾아 제시함으로써 구약 본문을 통해서도 복음을 깨달을 수 있습니다. 성경 공부 전 과정을 마치면 성도들이 복음에 대한 견고한 믿음을 가지게 될 것입니다. 셋째, 성경 공부 적용의 초점을 선교에 맞추어 성도들이 삶의 현장에서 복음의 증인으로서의 사명을 감당할 수 있게 도와줍니다. 마지막으로 주일학교에서 장년에 이르기까지 동일한 주제와 본문으로 성경을 공부하도록 구성하였기 때문에 모든 교인이 한 말씀 안에서 한 믿음의 공동체를 이루며 성숙해 가는 영적 부흥을 경험하게 될 것입니다.

두란노의 《가스펠 프로젝트》를 통해 말씀이 갈급한 기근의 시대에 영적 해갈의 기쁨을 경험하시기 바랍니다.

이희성 _ 총신대학교 구약학 교수

추천사

✝ 우리를 향한 하나님의 멈추지 않는 사랑, 아들을 내어 주신 아버지 하나님의 놀라운 구원 계획에 눈뜨게 하는 교재입니다. 성경을 꿰뚫는 변함없는 메시지, 예수 그리스도를 만날 수 있는 교재입니다. 유익한 활동과 흥미로운 반복 학습을 통해 기독교 핵심 주제를 접하고, 말씀을 가까이 이해하며, 가족과 묵상을 나누도록 이끄는 방식에 기대가 큽니다. 다양한 소재의 영상과 그림 자료는 시청각 자료가 부족한 교육 현장에 큰 활력을 불어넣어 줄 것입니다. 교재 내용에 맞게 창작된 찬양은 곡조가 있는 산 기도를 체험하게 도와줄 것입니다. 무미건조한 습관적 예배, 아이들과 소통하지 못해 안타까워했던 부모와 교사, 다음 세대를 걱정하는 교회 지도자들에게 이 교재를 추천합니다.

김요셉 _ 중앙기독학교 교목, 원천침례교회 목사

✝ 우리 시대의 전 세계적 교회 부흥은 두 가지 샘을 갖고 있습니다. 한 샘은 오순절 부흥 운동의 샘입니다. 이 샘으로 많은 시대의 목마른 영혼들이 목마름을 해갈했습니다. 또 하나의 샘은 성경 연구의 샘입니다. 남침례교 주일학교 운동은 이 샘의 개척자입니다. 이 샘으로 지금도 많은 성도가 목마름을 해갈하고 있습니다. 미국 남침례교 라이프웨이 출판사는 성경 연구를 돕는 사역을 충실히 감당해 왔습니다. 《가스펠 프로젝트》는 목마른 영혼들의 필요를 공급하는 원천이 될 것입니다. 《가스펠 프로젝트》는 쉬우면서도 결코 피상적이지 않습니다. 믿음의 단계를 따라 하나님의 자녀들에게 꼭 필요한 복음의 진수를 맛보게 해 줄 것입니다.

이동원 _ 지구촌교회 원로 목사, 지구촌 미니스트리 네트워크 대표

✝ 성경을 공부한다는 것은 성경에 기록된 사실을 배우는 것이 아니라 성경이 가르치는 교리를 배우는 것입니다. 왜냐하면 성경은 독자에게 어떤 새로운 정보를 주기 위해 인간이 쓴 책이 아니라 죄인인 인간에게 구원을 주기 위해 하나님이 쓰신 말씀이기 때문입니다. 그런데 이 구원의 도리인 교리를 성경 본문을 통해 배우기가 쉽지 않기 때문에 좋은 안내서가 필요합니다. 이번에 출간된 《가스펠 프로젝트》는 이와 같은 역할을 탁월하게 수행하고 있기 때문에 기쁜 마음으로 추천합니다.

이성호 _ 고려신학대학원 역사신학 교수

✝ 성경은 예수 그리스도를 중심으로 하는 하나님의 구원 이야기입니다. 《가스펠 프로젝트》는 성경이 어떻게 그리스도와 연결되어 있는지, 또 성도의 삶이 하나님의 구원 계획에 어떻게 연결되어야 하는지를 구체적으로 제시합니다. 특히 《가스펠 프로젝트》는 하나의 본문으로 각 연령에 맞게 구성한 교재를 제공해 하나의 본문으로 전 세대를 연결하고, 가정과 교회를 하나 되게 합니다. 신앙의 전수가 중요한 시대에 성도와 교회와 가정이 한마음으로 다음 세대를 준비시키기에 적합합니다. 특히 가정에서 부모가 자녀와 말씀으로 대화를 나눌 수 있게 해 자녀의 신앙 교육에 도움이 될 것입니다.

이재훈 _ 온누리교회 담임 목사

✝ 교회학교가 어렵다는 말이 많이 들립니다. 아이들이 교회에 다녀 주고 있습니다. 이는 자기 신앙으로 교회를 다니는 것이 아니라 부모의 눈치를 보며 다녀 주고 있다는 말입니다. 이 문제를 해결하려면 자기 신앙을 만들어 주어야 합니다. 자기 신앙은 하나님과 예수님, 죄 등에 대해 스스로 고민하고, 생각하고, 판단하고, 결정하는 과정이 있어야 생깁니다. 이런 시점에 어린이 눈높이에 맞추어 게임과 퀴즈 등으로 복음 메시지를 심어 주는 교재가 출간되어 반갑습니다. 충분한 대화와 토론을 통해 아이가 스스로 신앙에 대해 고민해서 주님의 은혜 안에 성숙해 가는 일이 많아지기를 기대합니다.

전성수 _ 부천대학교 유아교육과 교수, 하브루타교육협회 회장

1단원

구출하시는 하나님

하나님은 모세를 구원자로 부르셔서 하나님의 백성을 이집트(애굽)의 노예에서 풀려나게 하셨습니다. 하나님은 이스라엘을 구원하시기 위해 여러 기적을 나타내시고 하나님의 영광을 드러내셨습니다. 출애굽은 위대한 사건이지만 더 위대한 구원은 하나님의 백성을 죄에서 구원하신 하나님의 아들 예수님을 통해 완성되었습니다.

모세를
부르셨어요

이스라엘 백성은
재앙을
피했어요

홍해를
건넜어요

The Gospel Project

광야에서
시험을
치렀어요

금송아지를
만들었어요

DVD 카운트다운 – 런닝맨

카운트다운 영상(지도자용 팩)을 틀고 예배 준비 자세를 취하도록 격려한다. 예배가 시작되는 시간에 영상이 끝나도록 맞추어 놓는다. 익숙해질 때까지 중간에 남은 시간을 알리는 것도 좋다.
예) "1분 전입니다", "30초 전입니다. 마음을 가다듬고 기도하며 하나님께 나아갑시다" 등.

DVD 무대 배경 – 이동 수단

달리기 경주의 출발 지점처럼 꾸민다. 국기, 세계지도 또는 지구본, 이집트의 지도, 다양한 이동 수단 모형 등을 준비한다. 화면에 이동 수단 배경 이미지(지도자용 팩)를 띄운다.

1

모세를 부르셨어요

출 1:8~2:10, 2:23~25, 3:1~4:20

단원 암송

모세가 백성에게 이르되
너희는 두려워하지 말고 가만히 서서
여호와께서 오늘 너희를 위하여 행하시는
구원을 보라 너희가 오늘 본 애굽 사람을
영원히 다시 보지 아니하리라(출 14:13).

성경의 초점

하나님의 계획은 무엇인가요?
하나님의 계획은 하나님의 백성을
노예 생활에서 구하시는 거예요.

본문 속으로

모세가 태어났을 때 이스라엘 민족은 미움을 받고 있었습니다. 이스라엘(야곱)의 후손인 이스라엘 민족은 흉년을 피해 양식을 찾아 이집트에 살 터전을 마련했습니다. 이스라엘 민족이 번성하자 파라오는 위협을 느껴 그들을 노예로 만들어 버렸습니다. 그러나 그들의 수는 계속해서 늘어났고, 파라오는 인구를 통제하기 위해 상상할 수 없는 방법을 사용했습니다. 그것은 바로 이스라엘의 갓난아기들을 모두 죽이는 것이었습니다.

모세의 이야기는 하나님의 통치하심을 보여 주는 명백한 사건입니다. 모세는 이집트의 공주에 의해 구원받았을 뿐 아니라 자기 어머니의 돌봄을 받았습니다. 모세는 파라오의 궁전에서 자랐고, 하나님께 부르심을 받기 전에 여러 해를 미디안 광야에서 보냈습니다.

불타는 떨기나무 가운데 나타나신 하나님과 모세의 만남을 생각해 보십시오. "모세야, 모세야!" 하나님은 혼란스러워하는 모세를 부르시고는 자신이 아브라함과 이삭과 야곱의 하나님이라고 말씀하셨습니다. 하나님은 자신이 은혜의 하나님임을 증명하셨습니다. "내가 애굽에 있는 내 백성의 고통을 분명히 보고 그들이 그들의 감독자로 말미암아 부르짖음을 듣고 그 근심을 알고 … 이제 내가 너를 바로에게 보내어 너에게 내 백성 이스라엘 자손을 애굽에서 인도하여 내게 하리라"(출 3:7~10).

또한 하나님은 자신의 이름을 '스스로 있는 자'로 나타내셨습니다(출 3:14). 하나님에 대한 가장 기초적이고 확실한 사실은 하나님이 존재하신다는 것입니다. 하나님은 언제나 계셨고, 또 계실 것입니다. 하나님은 변하시지 않습니다. 하나님은 모세에게 자신이 어떠한 존재인지 알려 주셔서 사람들이 하나님을 믿도록 하셨습니다.

● ● 티칭 포인트

하나님이 하나님의 백성을 노예 생활에서 건져 내시기 위해 모세를 구하셨다는 사실을 아이들에게 알려 주십시오. 모세의 부르심이 어떻게 더 큰 부르심 및 구원과 연결되는지 강조해서 말해 주십시오. 그 부르심은 바로 이 땅에 오셔서 하나님의 백성을 죄에서 구원하신 예수님의 부르심입니다.

주 제
하나님은 하나님의 백성을 노예 생활에서 건져 내시기 위해 모세를 구하셨어요.

가스펠 링크
모세는 하나님의 백성을 이집트의 노예 생활에서 구했고, 예수님은 하나님의 백성을 죄의 노예에서 구원하셨어요.

모세를 부르셨어요 출 1:8~2:10, 2:23~25, 3:1~4:20

요셉이 가족을 이집트로 데려온 지 수십 년이 지났어요. 요셉은 죽었지만 그의 가족은 계속 이집트에서 살았어요. 요셉의 후손은 '이스라엘 민족'(히브리 민족)으로 불렸어요. 요셉의 가족이 이스라엘(야곱)의 가족에서 시작되었기 때문이에요.

새로운 파라오는 이스라엘 민족의 숫자가 계속 늘어나자 두려워졌어요. 이스라엘 민족이 이집트의 적들과 힘을 합해 공격할까 봐 걱정되어 그들을 노예로 만들고 아주 힘든 일을 시켰어요. 그렇지만 이스라엘 민족은 계속 늘어났답니다! 파라오는 아기를 낳는 일을 돕는 산파들에게 명령했어요. "히브리 여인이 아들을 낳거든 죽여라!" 그러나 그들은 하나님을 두려워해 파라오의 명령을 따르지 않았어요. 그러자 이번에는 모든 백성에게 명령했어요. "갓 태어난 히브리 남자 아기를 모두 강물에 던져라!"

이때 한 히브리 여인이 아들을 낳았어요. 그녀는 아기를 갈대 상자에 누이고 나일 강가 갈대 사이에 두었어요. 아기의 누나 미리암이 숨어서 지켜보고 있었지요. 얼마 후 목욕을 하러 나온 파라오의 딸이 울고 있는 아기를 발견하고는 키우기로 마음먹었어요. 미리암은 공주의 허락을 받아 어머니가 아기를 돌보게 했답니다. 공주는 아기의 이름을 '모세'라고 지었어요.

어른이 된 모세는 이집트를 떠나 목자로 살았어요. 한편 고통받던 이스라엘 민족은 하나님께 부르짖었어요. 하나님은 그들을 구할 계획을 세우셨지요.

어느 날 모세는 떨기나무에 불이 붙은 것을 보았어요. 그런데 떨기나무는 불타지 않았어요. "모세야, 모세야!" 하나님이 떨기나무 가운데서 모세를 부르시자 모세가 대답했어요. "제가 여기 있습니다." 하나님은 신을 벗으라고 말씀하셨어요. "내 백성의 고통을 내가 보았다. 이제 네가 내 백성 이스라엘 자손을 이집트에서 인도해 내가 준비한 땅으로 데려가라."

모세가 하나님께 여쭈었어요. "사람들이 하나님의 이름이 무엇이냐고 물으면 제가 무엇이라고 그들에게 대답해야 할까요?" 하나님은 "나는 스스로 있는 자이니라"라고 답하셨어요. 그리고 이렇게 덧붙이셨지요. "너는 이스라엘 자손에게 '스스로 있는 자가 나를 너희에게 보내셨다'라고 하라."

모세는 "그들이 저를 믿지 않으면 어찌하나요?" 하고 말씀드렸어요. 그러자 하나님은 세 가지 기적을 보여 주셨어요. 모세의 지팡이가 뱀으로 변했다가 다시 지팡이가 되었고, 모세의 손이 병들었다가 다시 나았어요. 그리고 만약 그들이 두 이적을 믿지 않거든 나일 강 물을 조금 떠다가 땅에 부으면 그 물이 땅에서 피가 될 것이라고 말씀하셨어요. 모세는 "오! 주여, 보낼 만한 자를 보내소서"라고 하며 주저했어요. 하나님은 모세를 향해 화를 내셨지만 형 아론을 모세와 함께 보내셨어요.

● ● 가스펠 링크

하나님은 하나님의 백성을 노예 생활에서 건져 내시기 위해 모세를 구하셨어요. 모세의 부르심은 더 큰 부르심과 구원을 가리키고 있어요. 이 땅에 오셔서 하나님의 백성을 죄에서 구원하신 예수님의 부르심이에요. 모세와 예수님은 모두 하나님의 명령에 순종해 그분의 구원 계획을 이루었어요. 모세는 하나님의 백성을 이집트의 노예 생활에서 구했고, 예수님은 하나님의 백성을 죄의 노예에서 구원하셨어요.

가스펠 준비

10~20분

👑 환영

도착하는 아이들을 반갑게 맞이하고 헌금, 출석, QT 등을 확인하며 격려한다. 새 친구가 있다면 소개한다. 편안한 분위기에서 안부를 물으며 오늘의 말씀과 관련된 화제로 이야기를 나눈다. 누군가가 자신을 구해 준 경험이 있는지 물어본다. 자발적으로 대화에 참여하도록 이끈다.

예) "혹시 길을 잃었거나 자전거를 타다가 다쳤을 때 누군가가 도와준 적이 있나요? 그때 기분이 어떠했나요?" 등.

▷ 오늘 우리는 놀라운 구원 사건에 대해 배울 거예요. **하나님이** 모세를 통해 **하나님의 백성을 노예 생활에서 구해 주신** 이야기이지요. '노예'란 자유가 없이 주인이 시키는 대로 일해야 하는 사람을 말해요. 오늘의 성경 이야기에 나오는 하나님의 백성은 이집트에서 노예 생활을 하고 있었어요. 그들은 마음대로 이집트를 떠날 수 없었지요.

💝 마음 열기

엉뚱해도 웃으면 땡 *

① 아이들을 둥글게 세운 뒤 자원하는 아이를 한 명 뽑는다.

② 뽑힌 아이 먼저 오른쪽에 있는 친구에게 질문을 하게 한다. 어떤 질문도 괜찮으며, 엉뚱한 질문일수록 좋다고 말해 준다.

예) "네 얼굴에 김 붙은 것 알고 있어?", "나는 하루에 방귀를 몇 번이나 뀔까?" 등.

③ 대답하는 친구는 미소를 짓거나 웃으면 탈락된다고 알려 준다.

④ 차례대로 오른쪽에 있는 친구에게 질문을 하되, 마지막까지 미소를 짓거나 웃지 않은 아이가 승자가 된다.

▷ 오늘의 성경 이야기에서 모세는 자신이 해야 할 일에 대해 하나님께 많은 질문을 했어요. 모세는 자신이 하나님이 시키신 일을 할 수 없을 것이라고 생각했어요. 모세는 하나님이 자신을 향한 계획을 갖고 계시며, 자신과 함께하셔서 하나님의 계획을 이루실 것이라는 사실을 깨닫지 못했거든요. **하나님은 하나님의 백성을 노예 생활에서 건져 내시기 위해 모세를 구하셨어요.**

쪽지 전달하기 *

[준비물] 주제를 적은 쪽지

① 시작하기 전에 1과의 주제 "하나님은 하나님의 백성을 노예 생활에서 건져 내시기 위해 모세를 구하셨어요."를 쪽지에 적어 둔다.

② 가위바위보로 술래를 뽑고, 아이들을 술래와 마주 보도록 한 줄로 앉힌다.

③ 인도자는 맨 처음 앉은 아이에게 쪽지를 건네며 옆 친구에게 전해 주라고 말한다. 이때 아이는 친구에게 실제로 쪽지를 건넬 수도, 건네지 않을 수도 있다.

④ 같은 방식으로 마지막 아이까지 전달되었으면 술래가 누가 쪽지를 가지고 있는지 맞히게 한다.

⑤ 술래가 맞히면 쪽지를 가진 사람은 쪽지를 펴서 주제를 크게 읽고 다음 술래가 된다.

▷ 쪽지는 누구의 손에 있었지요? 그리고 쪽지에는 뭐라고 쓰여 있었나요? 오늘은 하나님이 누구의 손을 사용하셔서 이스라엘 민족을 구원하셨는지에 대해 살펴볼 거예요.

15

가스펠 설교

15~30분

들어가기

[준비물] 운동복, 선글라스, 장갑, 빵모자, 바게트 빵을 담은 봉투

자전거 경주자처럼 운동복, 선글라스, 장갑을 끼고 등장한다. 머리에는 빵모자를 쓰고 있고, 손에는 바게트 빵 봉투를 들고 있다.

안녕하세요, 여러분! 자전거 경주 첫날에 방문해 주신 여러분을 환영합니다. 오늘은 세계 일주 기록을 내 볼 거예요. 여러분은 많은 사람이 세계 일주 기록을 세우기 위해 노력했다는 것을 알고 있나요? 쥘 베른은 1873년에《80일간의 세계 일주》라는 책을 썼어요. 실제로 1889년에 넬리 블라이가 80일간의 세계 일주를 처음으로 시도했지요. 2014년에는 두 사람이 지진으로 고통받는 아이티 아이들을 위한 기금을 마련하기 위해 돈 한 푼 없이 79일 만에 세계 일주를 마쳤답니다! 흠, 우리는 한 78일 만에 세계 일주를 마칠 수 있을까요? 자,《가스펠 프로젝트》의 두 번째 책 '하나님의 구출 계획'의 첫발을 뗀 기념으로 간식을 가져왔어요. 바게트 빵이에요. 여러분, 저는 첫 여행을 어디로 가게 될까요? 아이들의 대답을 기다린다. 맞아요! 프랑스 파리예요. 파리에서 다른 도시로 이동하기 전에 페이스트리 빵을 먹을 수 있다면 좋겠네요.

연대표

'어린이를 위한 가스펠 프로젝트_하나님의 구원 계획' 영상(지도자용 팩)을 보여 주고 오늘의 성경 이야기도 하나님의 거대한 구원 계획의 한 부분에 속하는 이야기임을 상기시킨다.

요셉이 이집트로   요셉의 꿈이
팔려 갔어요   이루어졌어요

모세를   이스라엘 백성은
부르셨어요   재앙을 피했어요

알아요, 알아요. 여러분은 지금 이 놀라운 경주가 하나님의 구원 이야기와 어떤 관련이 있는지 궁금할 거예요. 당연해요! 우리는 앞으로 몇 주 동안 하나님이 어떻게 하나님의 백성을 광야의 놀라운 모험으로 이끄셨는지에 대해 배우게 될 거예요.

연대표에서 지난 성경 이야기들을 가리킨다. 오늘의 성경 이야기는 요셉이 이집트로 가족을 데려온 지 400여 년 후에 일어난 일이에요. 이스라엘 민족, 즉 이스라엘 사람들은 요셉을 알지 못하는 새로운 왕 파라오의 노예가 되었답니다.

오늘 우리는 나일 강 근처 갈대 상자 안에 있던 아기 모세에 대해 배울 거예요. 모세의 어머니는 파라오로부터 아기 모세를 안전하게 보호하고 싶어 했어요. 파라오가 모든 이스라엘 남자 아기들을 죽였기 때문이지요. 하지만 **하나님은 하나님의 백성을 노예 생활에서 건져 내시기 위해 모세를 구하셨어요.**

성경의 초점

오래전에 하나님은 아브라함에게 그의 후손이 큰 민족을 이루게 하겠다고 약속하셨어요. 또한 아브라함의 후손이 하나님이 약속하신 땅에 이르기 전에 이집트에서 노예로 400년을 보내게 될 것이라고도 말씀하셨어요. **하나님의 계획은 무엇인가요? 하나님의 계획은 하나님의 백성을 노예 생활에서 구하시는 거예요.**

성경 이야기

출애굽기 1장 8절~2장 10절, 2장 23~25절, 3장 1절~4장 20절을 펴고, 설교 영상(지도자용 팩)을 보여 주거나 이야기 성경을 들려준다.

하나님은 이스라엘 민족으로 하여금 큰 민족을 이루게 하겠다고 약속하셨고, 그 약속을 지키셨어요. 파라오가 이스라엘 민족을 힘들게 할수록 그들은 점점 숫자가 많아졌어요. 그러자 파라오는 아이를 낳는 일을 도와주는 히브리 산파들에게 히브리 남자 아기가 태어나면 바로 죽이라는 명령을 내렸어요. 하지만 산파들은 그 명령을 따르지 않았어요. 하나님의 명령을 파라오의 명령보다 중요하게 생각했기 때문이에요!

이번에는 파라오가 모든 백성에게 갓 태어난 히브리 남자 아기들을 나일 강에 던지라고 명령했어요. 그러자 하나님은 모세를 보호하셨고, 파라오의 딸이 모세를 아들로 입양하게 하셨어요!

하나님은 하나님의 백성을 노예 생활에서 건져 내시기 위해 모세를 구하셨어요. 모세의 부르심은 더 큰 부르심과 구원을 가리키고 있어요. 이 땅에 오셔서 하나님의 백성을 죄에서 구원하신 예수님의 부르심이에요. 모세와 예수님은 모두 하나님의 구원 계획을 이루는 명령에 순종했어요. **모세는 하나님의 백성을 이집트의 노예 생활에서 구했고, 예수님은 하나님의 백성을 죄의 노예에서 구원하셨어요.**

복/습/질/문

1 요셉의 가족은 요셉이 죽은 후 오랫동안 어디에서 살았나요?

이집트(애굽) (출 1:6~9)

2 파라오는 모든 백성에게 갓 태어난 히브리 남자 아기들을 어떻게 하라고 명령했나요?

나일 강에 던지라고 했다 (출 1:22)

3 하나님은 모세를 어떻게 구하셨나요?

파라오의 딸이 모세를 발견해서 아들로 키우게 하셨다 (출 2:1~10)

4 하나님은 왜 모세를 구하셨나요?

하나님은 하나님의 백성을 노예 생활에서 건져 내시기 위해 모세를 구하셨어요 (출 3:7~10)

5 하나님의 계획은 무엇인가요?

하나님의 계획은 하나님의 백성을 노예 생활에서 구하시는 거예요.

찬양

여호와 나를 구원하셨네

때를 따라 도우시며 / 나의 삶을 돌보시네
구름기둥 불기둥 / 나의 걸음 인도하시네

여호와 나를 구원하셨네 / 원수가 날 해하지 못하네
약속의 그 나라엔 / 예수 우리 왕 다스리시네

불평과 원망 속에서 / 넘어질 때도
마침내 그 약속 이루시네

여호와 나를 구원하셨네 / 원수가 날 해하지 못하네
약속의 그 나라엔 / 예수 우리 왕 다스리시네.

 ※지도자용 팩 또는 가스펠 프로젝트 홈페이지(gospelproject.co.kr)에서 이용하세요.

복음 초청

성경과 21쪽 복음 초청 가이드를 이용해서 아이들에게 그리스도인이 되는 법을 설명해 준다. 따로 상담해 줄 사람을 정해 주고 궁금한 점이 있으면 물어보도록 격려한다.

이 시간 예수님을 마음에 모시고 싶은 친구는 함께 기도해요.

기도

하나님, 하나님의 백성을 노예 생활에서 구해 주셔서 감사합니다. 그리고 하나님의 아들이신 예수님을 보내 주셔서 우리를 죄에서 구원해 주셔서 감사합니다. 우리가 예수님을 믿도록 도와주시고, 우리가 하나님을 알고 하나님의 가족이 될 수 있게 해 주세요. 예수님의 이름으로 기도합니다. 아멘.

적용

여러분은 선물을 받으면 선물을 준 사람에게 고맙다고 하나요, 아니면 선물에게 고맙다고 하나요? 다음 영상을 함께 보고 이야기를 나누어 보아요.

적용 예화 영상(지도자용 팩)을 보여 준다.

새뮤얼은 누구를 칭찬했어야 했나요? 누가 이스라엘을 이집트에서 구하셨나요? 누가 찬양받으셔야 마땅한가요?

하나님은 모세를 통해 많은 놀라운 일을 하셨어요. 하지만 1단원 암송 구절에서 볼 수 있듯이, 모세는 하나님의 종이었어요. 모세는 하나님의 도구였답니다. 하나님이야말로 모든 놀라운 일을 행하신 분이며 찬양받기 합당한 분이세요.

이번 주에 하나님이 우리를 어떻게 사용하실 수 있을까요?

아이들의 대답을 기다린다.

하나님은 우리를 통해 놀라운 일들을 행하실 수 있어요. 우리가 순종하면 누가 찬양을 받으셔야 하나요?

맞아요, 하나님이세요!

가스펠 소그룹

10~20분

나침반

손으로 외워요

"모세가 백성에게 이르되 너희는 두려워하지 말고 가만히 서서 여호와께서 오늘 너희를 위하여 행하시는 구원을 보라 너희가 오늘 본 애굽 사람을 영원히 다시 보지 아니하리라"(출 14:13).

[준비물] 1단원 암송(107쪽)

① 어려운 단어의 뜻을 설명하며 암송 구절의 의미를 새겨 본다.

② 아이들을 여러 팀으로 나눈 뒤 암송 구절을 적당한 분량으로 나누어 주고 손동작을 만들게 한다.

③ 1단원 암송을 잘 보이는 곳에 두고 아이들이 손동작을 만들 때 참고할 수 있게 한다.

④ 몇 분간 시간을 준 뒤 손동작이 완성되면 팀별로 동작을 설명하게 하고 다 함께 연습한다.

⑤ 손동작에 맞추어 암송 구절을 외워 본다.

우리는 앞으로 몇 주 동안 하나님이 어떻게 모세를 사용하셔서 하나님의 백성을 구하셨는지에 대해 배울 거예요. 모세는 한 사람에 불과했지만 하나님은 그를 사용하셔서 하나님의 백성을 이집트에서 구하셨어요. 모세는 하나님을 신실하게 섬겼지만 그 역시 완벽하지 않았어요. 모세도 죄인이었거든요. 예수님은 늘 하나님께 완벽하게 순종하셨고, 십자가에서 죽으시고 다시 살아나셔서 예수님을 믿는 모든 사람을 죄에서 구원하심으로 하나님의 계획을 이루셨답니다.

보물 지도

오늘의 성경 이야기는 성경의 두 번째 책인 출애굽기에 나와요. '출애굽기'(出埃及記)는 한자어로, '출'(出)은 '나가다', '애굽'(埃及)은 '이집트', '기'(記)는 '기록'이라는 뜻이에요. 그러므로 '이집트를 나간 기록'이라는 뜻이 되는 거예요. 영어로는 '탈출'이라는 뜻을 가진 '엑소더스'(Exodus)라고 쓰는데 이 말은 그리스어에서 유래되었으며, '나가다', '떠나다'라는 뜻을 담고 있어요.

출애굽기를 기록한 사람은 모세예요. 모세는 하나님이 어떻게 하나님의 백성을 이집트에서 구하셨는지를 사람들이 기억하게 하려고 출애굽기를 썼어요.

400여 년 동안 이집트에서

[준비물] 학생용 교재 6쪽, 연필이나 색연필

① 연대표의 흐름을 살펴본 뒤 이집트에서 이스라엘 백성의 형편이 어떠했을지 생각해 보게 한다.

② 400여 년간의 이집트 생활을 상상해 그림이나 글로 표현하게 한다. 파라오가 몇 번이나 바뀌었을지, 요셉의 자손이 몇 대가 태어났을지, 처음 이집트로 이주한 야곱의 가족은 70명이지만, 400여 년이 지난 후에 이스라엘 백성이 얼마나 늘어났을지에 대해 이야기를 나누어 본다.

③ 하나님이 모세를 통해 이스라엘 백성을 구하신 것과 예수님을 통해 우리가 구원받는 것을 비교해 보게 한다.

하나님은 이집트에서 노예로 고통받고 있는 이스라엘 백성을 건져 내시기 위해 모세를 구하셨고, 부르셨어요. 이와 같이 죄의 노예로 죽을 수밖에 없는 우리를 위해 하나님은 예수님을 보내시고, 죄의 문제를 해결해 주셨어요.

정답 물건 찾기 *

[준비물] 벽돌, 갈대 상자, 샌들 등 질문과 관련된 물건

① 벽돌, 갈대 상자, 샌들, 아기 인형, 나뭇가지 혹은 떨기나무 조화,

지팡이, 고무 뱀 등 질문과 관련된 물건들을 예배실 여기저기에 놓아 둔다.

② 아이들에게 질문을 한 뒤 답에 해당하는 물건을 찾아보게 한다.

③ 알맞은 물건을 찾은 아이에게 그 물건이 어떻게 성경 이야기와 연결되는지 질문한다.

1 파라오는 어떤 방법으로 이스라엘 민족을 약하게 만들려고 했나요?

흙 이기기와 벽돌 굽기와 농사의 여러 가지 일을 시켰다 (출 1:14)

2 파라오는 히브리 산파들에게 누구를 죽이라고 했나요?

히브리 남자 아기 (출 1:16)

3 모세의 어머니는 어떻게 모세를 안전하게 지켰나요?

갈대 상자를 가져다가 모세를 안에 넣고 나일 강가 갈대 사이에 두었다 (출 2:3)

4 모세가 미디안 광야에서 양을 치다가 본 것은 무엇인가요?

불이 붙었지만 타지 않는 떨기나무 (출 3:2)

5 하나님이 떨기나무 불꽃 가운데서 모세에게 하신 말씀은 무엇인가요?

네가 선 곳은 거룩한 땅이니 네 발에서 신을 벗으라 (출 3:5)

6 하나님이 모세를 보내셨다는 것을 사람들이 알게 하시기 위해 하나님이 모세에게 보여 주신 첫 번째 기적은 무엇인가요?

지팡이를 땅에 던지자 곧 뱀이 되었다 (출 4:3)

7 하나님의 계획은 무엇인가요?

하나님의 계획은 하나님의 백성을 노예 생활에서 구하시는 거예요.

 ## 탐험하기

이집트 왕자, 모세

[준비물] 학생용 교재 7쪽, 색연필, 연필

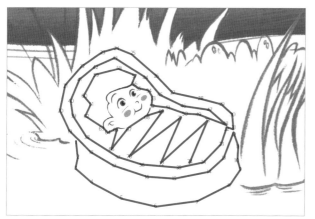

① 번호 순서대로 선을 잇고 색칠한 뒤 무슨 그림인지 설명해 보게 한다.

② 초성 암호를 보고 빈칸을 채워 1과의 주제 문장을 완성하게 한다.

> 하 나 님 은 하나님의 백 성 을
> 노 예 생활에서 건 져 내시기 위해
> 모 세 를 구 하 셨어요.

모세의 어머니는 갈대로 만든 상자를 가져다가 아기 모세를 보호했어요. 하나님은 파라오의 딸이 갈대 상자 안의 모세를 발견하게 하심으로 모세를 보호하셨어요. 파라오의 딸은 모세를 아들로 입양했어요. 놀랍게도 모세는 이스라엘의 아기들을 모두 죽이려던 사람의 손자가 된 거예요! **하나님은 하나님의 백성을 노예 생활에서 건져 내시기 위해 모세를 구하셨어요. 모세는 하나님의 백성을 이집트의 노예 생활에서 구했고, 예수님은 하나님의 백성을 죄의 노예에서 구원하셨어요.**

격자무늬 갈대 상자 *

[준비물] 색종이(두 가지 이상의 색), 가위, 풀, 지퍼백, 물을 담은 대야, 연필, 자

① 색종이를 반으로 접은 뒤 벌어진 쪽에서 1cm 정도 되는 곳에 자를 이용해 선을 긋게 한다.

② 막힌 부분을 잡고 1.5cm 간격으로 선 표시가 된 곳까지 여러 줄 자른 뒤 펼쳐 놓게 한다.

③ 자른 틈 사이에 끼울 수 있도록 다른 색 색종이를 길게 자르게 한다.

④ 긴 색종이를 자른 틈 사이에 위아래로 번갈아 끼워 넣어 격자무늬를 만들게 한다. 도움이 필요한 아이가 있다면 도와준다. 아이들이 격자무늬를 다 짜고 나면 그 위에 1과의 주제를 쓰게 해도 좋다.

⑤ 색종이로 강보에 싸인 아기를 접거나 아기 모세 그림을 그려서 완성된 격자무늬 위에 붙이게 한다.

⑥ ⑤를 지퍼백에 넣고 물에 띄운 뒤 "모세야, 이스라엘 백성을 구해라!", "하나님이 모세를 구하셨어요!" 등을 외치며 건지게 한다.

⑦ 격자무늬를 볼 때마다 우리를 죄에서 구원하신 하나님의 계획을 기억하자고 격려한다.

가스펠 소그룹

10~20분

구출하라! *

[준비물] 컬러 박스 테이프, 양 인형

① 컬러 박스 테이프를 이용해 지름 1.5m의 원을 바닥에 그려 놓는다.

② 원 중앙에 양 인형을 하나 넣어 두고, 두 명의 아이를 술래로 뽑아 원 밖에서 양을 지키게 한다.

③ 술래는 원 안으로 들어가거나 원에서 멀리 떨어질 수 없으며, 아이들은 술래에게 잡히지 않고 양을 원 밖으로 구출해야 하고, 술래에게 잡힌 아이는 탈락된다는 규칙을 말해 준다.

④ 양을 구출했거나 모든 아이가 술래에게 잡힐 때까지 게임을 계속한다.

　　오늘 우리는 **하나님이 하나님의 백성을 노예 생활에서 건져 내시기 위해 모세를 구하신** 이야기에 대해 배웠어요. 모세의 구원은 더 큰 구원을 가리키고 있어요. 이 땅에 오셔서 하나님의 백성을 죄에서 구원하신 예수님의 구원이에요. 모세와 예수님은 모두 하나님의 명령에 순종해 그분의 구원 계획을 이루었어요. **모세는 하나님의 백성을 이집트의 노예 생활에서 구했고, 예수님은 하나님의 백성을 죄의 노예에서 구원하셨어요.**

보물 상자

나만의 기록장

[준비물] 학생용 교재 8쪽, 연필이나 색연필

　　모세는 하나님의 부르심에 선뜻 용기가 나지 않았어요. 우리에게 용기가 필요한 순간은 언제인가요?

① 용기가 필요한 순간에 대해 그림이나 글로 표현해 보게 한다.

② 활동을 하면서 하나님의 부르심에 모세가 어떻게 대답했는지에 대해 이야기를 나눈다.

③ 시간 여유가 있다면 아이들의 기도 제목을 받거나 학생용 교재의 성경 이야기 그림을 색칠하게 해도 좋다.

④ 모세를 보내 하나님의 백성을 구하신 하나님께 감사 기도를 드린다. 각각의 아이들을 위해 이름을 부르며 기도한다. 하나님이 아이들 각자의 필요를 돌보시고 아이들을 죄에서 구원해 주시기를 기도한다.

　　모세는 하나님이 시키신 일을 해 낼 자신이 없어서 못

하겠다고 변명했고, 결국 하나님을 화나시게 했어요. 하지만 하나님은 모세에게 은혜를 베푸셔서 그의 형 아론과 함께 파라오에게 가서 하나님의 말씀을 전하게 하셨어요.

하나님이 여러분을 부르신 일은 무엇인가요? 친구를 교회에 데려오는 일일 수도 있고, 학교에서 예수님에 대해 이야기하는 일일 수도 있고, 가족에게 예수님을 믿으라고 전하는 일일 수도 있답니다.

메시지 카드 만들기

[준비물] 학생용 교재 73~78쪽 메시지 카드, 카드 고리, 펀치, 가위

① 카드를 오리고 펀치로 구멍을 뚫어 고리로 연결하게 한다.

② 가방이나 지갑에 고리를 끼워 항상 휴대하면서 오늘 배운 성경 이야기를 수시로 기억하게 하고, 가족과도 함께 나눌 수 있도록 격려한다.

기도

하나님, 모세를 구하시고 모세를 통해 이스라엘 백성을 노예 생활에서 구하신 것처럼, 예수님을 통해 우리를 구원해 주셔서 감사합니다. 우리를 구원하신 하나님을 찬양합니다. 예수님의 이름으로 기도합니다. 아멘.

나를 위한 하나님의 멋진 계획

'복음'이라는 말을
들어 본 적 있니?
복음이란
'좋은 소식'이라는 뜻이야.
우리에게 보내신 하나님의
좋은 소식이 무엇일까?

하나님은 세상을 만드셨단다

하나님은 온 세상을 만드셨고 사람을 아름답게 창조하셨어.

(창세기 1:1; 요한계시록 4:11; 골로새서 1:16~17)

사람들은 죄를 짓고 하나님을 떠났어

그런데 사람들은 모두 죄를 지었고 하나님에게서 떠나 버렸어.
죄를 짓고 하나님과 관계가 끊어진 사람들은 결국 죽을 수밖에 없단다.

(로마서 3:23, 6:23)

하나님은 구원 계획을 갖고 계신단다

우리는 아무리 노력해도 하나님과 하나 될 수 없었고 죽을 수밖에
없었어. 그래서 하나님은 우리를 구원하시고 다시 살리시기 위해서
예수님을 보내 주셨단다.

(요한복음 3:16; 에베소서 2:8~9)

예수님이 우리에게 생명을 주셨어

예수님은 우리의 죄를 씻어 주시려고 십자가에서 우리 대신 죽으셨단다.
우리는 예수님 때문에 다시 깨끗해졌고 하나님과 함께 살 수 있게
되었어. 예수님이 자기의 생명을 내어 주셨기 때문에 우리는 영원한
생명을 얻을 수 있게 되었고 하나님과 함께 살 수 있게 되었어.
이것이 하나님의 최고의 선물이야!

(로마서 5:8; 고린도후서 5:21; 베드로전서 3:18)

예수님! 우리의 마음에 오세요!

예수님을 믿고 마음에 받아들이면 하나님의 자녀가 된단다.
이것이 가장 좋은 소식, 복된 소식, 복음이란다.

(로마서 10:9~10, 13; 요한복음 1:12~13)

예수님을 영접하기 원하는 어린이가 있다면 개인적으로 상담하고
영접 기도를 할 수 있도록 도와주세요.
예수님이 ○○를 사랑하시는 것을 믿겠니?
예수님이 ○○의 죄를 씻어 주신 것을 믿겠니?
예수님을 ○○의 마음에 받아들이겠니?

믿음을 고백하고 예수님을 영접하기 원하는 어린이를 위해 간절히
기도해 주세요.
이제 ○○는 하나님의 자녀(아들, 딸)가 되었어!
이것이 예수님을 통해 ○○에게 이루어 주신 하나님의 계획이야!
○○야, 하나님의 자녀(아들, 딸) 된 것을 축하해!

2

이스라엘 백성은 재앙을 피했어요

출 5:1~13:16

성경의 초점

하나님의 계획은 무엇인가요?
하나님의 계획은 하나님의 백성을
노예 생활에서 구하시는 거예요.

본문 속으로

하나님은 이집트에 있는 이스라엘 백성을 노예 생활에서 구할 계획을 세우셨습니다. 하나님은 그 구원 계획을 위해 모세를 선택해 부르셨고, 모세의 형 아론으로 하여금 그를 돕게 하셨습니다. 모세와 아론은 이스라엘 백성을 이집트에서 인도해 내는 데 있어 파라오라는 거대한 장애물을 맞닥뜨리게 되었습니다. 파라오는 하나님의 권위를 인정하지 않았습니다. "여호와가 누구이기에 내가 그의 목소리를 듣고 이스라엘을 보내겠느냐"(출 5:2). 파라오는 하나님에 대해 마음을 완악하게 했지만 이 모든 것은 그와 온 이집트에 하나님이 누구이신지를 보이시려는 하나님의 계획 가운데 있었습니다.

먼저, 하나님은 여러 종류의 재앙을 보내서 이집트를 만신창이로 만드셨습니다. 재앙은 이집트 사람들에게 하나님이 누구이신지를 보여 주고 그들을 가르치시기 위한 심판이었습니다. 출애굽기 8장 19절, 9장 20, 27절, 그리고 10장 7절을 읽어 보십시오.

열 번째 재앙은 이집트 사람들에게 가장 큰 영향을 미쳤습니다. 하나님은 모세에게 밤중에 이집트에 있는 모든 장자가 죽을 것이라고 말씀하셨습니다. 누구도 피할 수 없었습니다. 가축들도 처음 난 것은 모두 죽게 될 것이었습니다. 그러나 이스라엘 백성에게는 특별한 지시를 내리셨습니다. 이스라엘 백성은 어린양을 잡아 그 피를 문 인방과 좌우 문설주에 발라야 했습니다. 어린양의 피는 이스라엘 백성과 이집트 사람을 구별하는 표적이 되었습니다. 하나님은 "내가 피를 볼 때에 너희를 넘어가리니"(출 12:13)라고 말씀하셨습니다.

이스라엘 백성은 이집트 사람들과 마찬가지로 죄인이었고, 죽어 마땅한 사람들이었습니다. 그러나 하나님은 은혜로 그들에게 길을 열어 주셨습니다. 어린양의 피를 문 인방과 좌우 문설주에 바름으로써 이스라엘 백성은 그들이 마땅히 받아야 할 심판을 피할 수 있었습니다. 어린양이 대신 죽임을 당했기 때문입니다.

그리스도인으로서 우리는 흠 없고 점 없는 어린양 같은 그리스도의 보배로운 피로 구원받았습니다(벧전 1:19). 예수님의 죽음은 궁극적인 희생이었으며, 이로 인해 보혈 아래 있는 자들은 마지막 심판을 피해 갈 수 있게 되었습니다. 하나님은 유월절을 통해 죄인이 하나님으로 인해 온전하게 되는 은혜의 섭리를 보이셨습니다. 복음의 핵심은 유월절 이야기에 나타납니다. 예수님은 결코 죄가 없으셨지만 우리의 죄를 위해 십자가에 달리셨습니다. 우리는 죽어 마땅하지만 예수님이 우리 대신 죽임을 당하셨습니다.

주 제

하나님은 하나님만 유일한 진짜 신이시라는 것을 이집트 사람들에게 보여 주셨어요.

가스펠 링크

이스라엘 백성이 어린양의 피로 장자의 죽음을 피했던 것처럼 예수님이 십자가에서 흘리신 보배로운 피로 죄인들이 죽음의 벌에서 구원받게 되었어요.

●● 티칭 포인트

아이들과 함께 유월절에 대해 이야기를 나누어 보십시오. 특별히 아이들이 진정 흠 없는 어린양이신 예수님에 대해 생각해 보도록 도와주십시오. "보라 세상 죄를 지고 가는 하나님의 어린양이로다"(요 1:29).

이야기 성경

이스라엘 백성은 재앙을 피했어요 출 5:1~13:16

이스라엘 백성은 괴로워서 하나님께 부르짖었어요. 하나님은 모세를 통해 그들을 노예 생활에서 구할 계획을 세우셨지요. 모세와 아론은 하나님의 명령을 따라 파라오에게 갔어요. "이스라엘의 하나님 여호와께서 '내 백성을 보내라'라고 하셨습니다!" 파라오는 "나는 여호와를 알지 못하니 이스라엘을 보내지 않겠다"라고 대답했어요. 그러자 하나님은 이집트에 여러 재앙을 내리셨어요.

첫 번째 재앙으로 나일 강의 물이 피로 변했어요. 두 번째로, 하나님은 개구리를 보내셨어요. 파라오는 "개구리를 떠나게 하면 백성을 보내겠다"라고 말했지만 하나님이 개구리 떼를 모두 쫓아 주시자 마음이 바뀌었어요. 하나님은 세 번째로, 이를 보내시고, 네 번째로, 파리 떼를 보내셨어요. 파라오는 이스라엘 백성을 보내겠다고 하더니 또 마음을 바꾸었지요. 다섯 번째로, 하나님은 이집트의 모든 가축을 죽이셨어요. 그래도 파라오는 이스라엘 백성을 보내지 않았어요.

여섯 번째로, 하나님은 이집트에 있는 모든 사람에게 악성 종기가 생기게 하셨어요. 그러나 파라오의 마음은 완강했어요. 일곱 번째로, 하나님은 우박을 내리셨어요. 파라오는 우박이 멈추자 또 말을 바꾸었어요. 여덟 번째로, 하나님은 메뚜기 떼를 보내셔서 식물을 다 먹어 버리게 하셨어요. 파라오는 뉘우치는 듯하더니 메뚜기 떼가 떠나자 이스라엘 백성을 보내지 않았답니다. 아홉 번째로, 하나님은 이집트 땅 위에 3일 동안 캄캄한 흑암이 있게 하셨어요. 그러나 파라오는 여전히 이스라엘 백성을 보내지 않았어요.

하나님이 모세에게 말씀하셨어요. "내가 파라오와 이집트 위에 재앙을 한 가지 더 내린 후에야 그가 너희를 여기서 내보내 줄 것이다." 모세는 파라오에게 경고했어요. "이집트 땅에 있는 모든 처음 난 것이 죽을 것입니다. 그러나 이스라엘의 자손은 안전할 것입니다." 하지만 파라오는 모세의 말을 무시했어요.

하나님은 모든 이스라엘 백성에게 어린양을 잡아 그 피를 문틀 양 옆과 위쪽에 바르라고 하셨어요. 하나님이 그 피를 보시고 그들을 '넘어가서서' 재앙이 그들에게 임하지 않게 되는 표적이 되었지요. 밤중에 하나님은 이집트의 모든 처음 난 것을 치셨어요. 그 밤에 온 이집트가 통곡했어요. 죽임을 당하지 않은 집이 하나도 없었기 때문이에요. 파라오가 말했어요. "가라!" 이스라엘 백성은 속히 이집트를 떠났답니다.

이스라엘 백성은 홍해 근처에 도착해 장막을 쳤어요. 그런데 마음이 바뀐 파라오가 그들을 뒤쫓아왔어요. 이윽고 파라오와 그의 군대가 홍해 근처에 다다랐어요. 이스라엘 백성은 두려움에 떨었지요. 그때 모세가 말했어요. "두려워 마십시오! 여호와께서 여러분을 여기로 이끄셨고, 우리를 위해 싸우실 것입니다."

하나님께는 계획이 있었어요. 하나님은 이집트 사람들에게 하나님만 유일한 진짜 신이시라는 것을 보이기 원하셨답니다.

●● 가스펠 링크

유월절에 이스라엘 백성은 어린양의 피로 장자가 죽는 심판을 피했어요. 이처럼 예수님이 십자가에서 흘리신 보배로운 피로 죄인들이 죽음의 벌에서 구원받게 되었어요. 예수님은 하나님의 어린양으로서 세상의 죄를 모두 가져가셨어요. 예수님을 믿는 사람들은 죄의 형벌에서 벗어나 영원한 생명을 얻게 된답니다.

가스펠 준비

👑 환영

도착하는 아이들을 반갑게 맞이하고 헌금, 출석, QT 등을 확인하며 격려한다. 새 친구가 있다면 소개한다. 편안한 분위기에서 안부를 물으며 오늘의 말씀과 관련된 화제로 이야기를 나눈다. 집이나 학교, 교회, 방과 후 활동을 하면서 불순종한 적이 있는지 물어본다. 선생님 자신이 잘못을 저질러 불순종의 대가를 치러야 했던 경험에 대해 이야기해 준다.

예) "집이나 학교에서 부모님이나 선생님의 말씀에 불순종한 적이 있나요? 불순종했을 때 어떤 일이 일어났나요?" 등.

하나님이 모세에게 파라오가 모세의 말을 듣지 않을 것이라고 말씀하셨던 것을 기억하나요? 오늘의 성경 이야기에서는 하나님의 말씀대로 이루어진 일을 보게 될 거예요! 또한 파라오의 완악함으로 인해 생긴 결과에 대해서도 배우게 될 거예요.

💝 마음 열기

개굴개굴 개구리뜀 *

① 가위바위보로 술래를 정하고, 나머지 아이들은 출발선에 나란히 세운다.

② 술래에게 개구리뜀 횟수를 정하게 한다.

③ 술래가 횟수를 말하면 아이들에게 횟수만큼 개구리뜀을 뛰며 앞으로 나가라고 말해 준다. 개구리뜀 준비 자세는 손과 발을 바닥에 닿게 하는 것이고, 입으로는 "개굴" 소리를 내야 한다고 알려준다.

④ 모든 아이가 뜀뛰기를 마친 뒤 술래는 다른 아이들보다 1회 덜 뛰게 한다(아이들이 앞으로 4회 뛰었으면 술래는 3회).

⑤ 술래가 도착한 자리에서 손이나 발로 터치한 아이가 다음 술래가 된다.

오늘의 성경 이야기에서, 이집트에 수많은 개구리가 등장해요. 이집트의 파라오가 하나님의 말씀을 듣지 않고 이스라엘 백성을 풀어 주지 않았기 때문이에요. 개구리로 온 땅을 뒤덮는 재앙을 통해 **하나님은 하나님만 유일한 진짜 신이시라는 것을 이집트 사람들에게 보여 주셨어요.**

모세 이야기 퍼즐 맞추기 *

[준비물] 109쪽 퍼즐, 가위

① 그림 퍼즐을 가위로 잘라 펼쳐 놓고 맞추도록 한다.

② 퍼즐이 완성되면 둘씩 짝을 지어 모세 이야기를 순서대로 꾸며 보는 시간을 갖는다.

③ 자원자에게 모세 이야기를 발표하게 한다.

요셉이 죽은 뒤 이집트에 남겨진 이스라엘 백성은 매일 힘든 노동에 시달려야 했어요. 벽돌도 만들고, 건물도 세우는 등 하루도 쉴 날이 없었지요. 이스라엘 백성은 날마다 괴로워서 하나님께 울부짖었어요. 그러자 하나님이 그들의 목소리를 들으시고 그들을 구원하기로 하셨답니다. 바로 모세를 통해서 말이에요. 모세는 아기 때 죽을 고비를 넘기고 파라오의 궁전에서 자라났고, 하나님의 부르심을 받아 이스라엘 백성을 이끄는 지도자가 되었어요.

가스펠 설교

15~30분

 들어가기

[준비물] 물병

물병을 들고 등장한다.

안녕하세요, 여러분! 위대한 경주에 돌아오신 것을 환영합니다. 저는 지금 이집트 나일 강 삼각주의 알렉산드리아라는 곳에 와 있습니다. '삼각주'란 강이 바다로 들어가는 입구에 강물이 실어 온 모래나 흙이 쌓여 이루어진 평평한 땅을 말해요. 이곳은 매우 비옥하고 풍요한 지역이에요. 160km의 길이에 240km의 너비를 가진 곳이지요. 만약 이집트에서 새를 찾고 싶다면 삼각주에 가 보세요. 그곳에는 모래와 바위 중간에 푸른 초원이 펼쳐져 있거든요. 나일 강은 세상에서 가장 긴 강으로 알려져 있어요. 물병을 든다. 여행 가이드에게 허락을 받아서 나일 강 물을 기념품으로 조금 떠 왔어요. 집에 가기 전까지 목이 마르지 않기만을 바라야겠어요!

 연대표

요셉이 이집트로 팔려 갔어요

요셉의 꿈이 이루어졌어요

모세를 부르셨어요

이스라엘 백성은 재앙을 피했어요

홍해를 건넜어요

광야에서 시험을 치렀어요

지난주에 우리는 **하나님이 하나님의 백성을 노예 생활에서 건져 내시기 위해 모세를 구하신** 이야기를 배웠어요. 파라오의 딸은 나일 강가 갈대 상자 안에 있던 아기 모세를 발견했어요. 파라오가 모든 히브리 남자 아기들을 던져 죽이라고 했던 바로 그 나일 강에서 말이에요!

오늘의 성경 이야기에서 우리는 모세가 파라오에게 가서 하나님이 모세에게 명령하신 대로 "내 백성을 보내라"라고 말한 일에 대해 배울 거예요. 모세의 말을 들은 파라오는 "그래, 좋은 생각이야!"라고 말했어요. 그리고 모두가 행복했지요. 맞나요? 아이들의 대답을 기다린다. 그래요, 아니지요! 전혀 그렇지 않았어요. 파라오는 하나님의 말씀을 듣지 않았어요. 하나님은 열 가지 재앙을 보내서 파라오에게 이 세상을 다스리는 분이 누구이신지 보여 주셨답니다.

 성경의 초점

오늘의 성경 이야기를 듣기 전에 하나님의 계획에 대해 생각해 보아요. 지난주에 배운 '성경의 초점'을 기억하는 친구가 있나요? 아이들의 대답을 기다린다. 맞아요! **하나님의 계획은 무엇인가요? 하나님의 계획은 하나님의 백성을 노예 생활에서 구하시는 거예요.** 하나님은 모세를 이집트로 돌려보내시기 전에 모세가 해야 할 일이 결코 쉽지 않을 것이라고 말씀해 주셨어요. 하나님은 파라오가 하나님의 능력을 보기 전에는 이스라엘 백성을 보내지 않을 것을 알고 계셨어요. 그래서 **하나님은 하나님만 유일한 진짜 신이시라는 것을 이집트 사람들에게 보여 주셨어요.**

 성경 이야기

출애굽기 5장 1절~13장 16절을 펴고, 설교 영상(지도자용 팩)을 보여 주거나 이야기 성경을 들려준다.

와! 하나님이 이집트에 보내신 재앙들을 직접 경험하는 상상을 해 보세요. 어떤 느낌이 드나요? 재앙을 하나씩 보내실 때마다 **하나님은 하나님만 유일한 진짜 신이시라는 것을 이집트 사람들에게 보여 주셨어요.** 그렇지만 파라오는 하나님께 순종하지 않았어요. 결국 그는 아들을 잃고 나서야 이스라엘 백성이 이집트를 떠나도록 허락했지요. 모세는 이스라엘 백성을 인도해 이집트를 떠났어요.

하나님이 이스라엘 백성을 살려 주신 이유는 그들이 선해서가 아니었어요. 성경은 모든 사람은 죄인이고, 따라서 죄의 형벌을 받아야 한다고 분명히 이야기하고 있어요. 유월절에 하나님은 어린양의 피로 인해 이스라엘 백성이 심판을 피하게 하셨어요. 성경은 예수님이 모세보다 더욱 존귀하시다고 말해요.(히 3:3) 예수님은 하나님의 어린양으로서 세상의 죄를 모두 가져가시고 하나님의 백성을 죽음에서 구하셨어요. 예수님을 믿는 사람들은 죄의 형벌에서 벗어나 영원한 생명을 얻게 된답니다.

복/습/질/문

1 이스라엘 백성을 이집트에서 인도해 낸 사람은 누구인가요?

모세 (출 12장)

2 파라오는 여호와께서 "내 백성을 보내라"라고 하셨다는 모세의 말을 듣고 무엇이라고 말했나요?

여호와가 누구이기에 내가 그의 목소리를 듣고 이스라엘을 보내겠느냐 (출 5:2)

3 하나님은 이집트에 몇 개의 재앙을 보내셨나요?

열 개 (출 7:14~12:30)

4 하나님은 왜 이집트에 재앙을 보내셨나요?

재앙을 통해 **하나님은 하나님만 유일한 진짜 신이시라는 것을 이집트 사람들에게 보여 주셨어요.**

5 **하나님의 계획은 무엇인가요?**

하나님의 계획은 하나님의 백성을 노예 생활에서 구하시는 거예요.

복음 초청

성경과 21쪽 복음 초청 가이드를 이용해서 아이들에게 그리스도인이 되는 법을 설명해 준다. 따로 상담해 줄 사람을 정해 주고 궁금한 점이 있으면 물어보도록 격려한다.

이 시간 예수님을 마음에 모시고 싶은 친구는 함께 기도해요.

🙏 기도

하나님, 하나님의 백성을 노예 생활에서 구해 주셔서 감사합니다. 그리고 아들이신 예수님을 보내 주셔서 죄에 빠진 우리를 구원해 주시니 감사합니다. 우리가 예수님을 믿도록 도와주시고, 우리가 하나님을 알고 하나님의 가족이 될 수 있게 이끌어 주세요. 예수님의 이름으로 기도합니다. 아멘.

적용

누군가가 여러분을 도와준다고 했는데, 도저히 그 사람의 능력을 믿을 수 없었던 때가 있었나요? 다음 영상을 함께 보고 이야기를 나누어 보아요.

🔵 적용 예화 영상(지도자용 팩)을 보여 준다.

그들은 왜 코코아를 믿지 않았나요? 그들은 왜 코코아가 문을 열고 난 뒤에야 코코아가 자신들을 구해 줄 수 있다는 것을 믿게 되었을까요? 사람들은 왜 하나님을 믿지 않을까요? 하나님은 사람들이 하나님을 믿을 수 있도록 어떻게 도우실까요? 아이들의 대답을 기다린다. 하나님이 이집트에 열 가지 재앙을 내리시고 이집트에서 풀려난 사건을 통해 이스라엘 백성은 하나님이 그들을 노예 생활에서 구할 능력을 가진 분이시라는 것을 알게 되었어요. 또한 하나님은 십자가에서 죽으시고 부활하신 예수님을 통해 우리를 죄의 노예에서 구원하셨어요.

가스펠 소그룹

10~20분

나침반

구원을 보라!

[준비물] 학생용 교재 12쪽

① 출애굽기 14장 13절을 큰 소리로 함께 읽고, 단어의 뜻을 확인해 본다.

② 빈칸에 적힌 흐린 글씨를 따라 출애굽기 14장 13절을 완성한 후 질문에 답하게 한다.

1 애굽은 어느 나라일까요? (이집트)

2 '출'(出)은 '나가다'라는 뜻이에요. '출애굽'은 무슨 뜻일까요? 이집트에서 (나가다).

3 '기'(記)는 '기록'이라는 뜻이에요. '출애굽기'는 무슨 뜻일까요? 이집트에서 나간 (기록)

4 출애굽기는 약자로 (출)이라고 써요.

5 이 구절은 누가 한 말인가요? (모세)

6 누구에게 한 말인가요? 이스라엘 (백성)

7 이스라엘 백성이 보게 될 것은 무엇인가요? (구원)

출애굽기는 성경에서 두 번째 나오는 책이에요. 출애굽기는 하나님이 하나님의 백성을 어떻게 이집트에서 인도해 내시고 십계명을 주셨는지에 대해 이야기하고 있어요. 하나님은 모세를 통해 이스라엘 백성을 이집트의 노예 생활에서 구하셨어요. 예수님은 하나님 아버지께 신실한 아들로서 이 땅에 오셔서 우리가 마땅히 받아야 할 죄의 형벌을 대신해서 받으셨어요. 그분이 십자가에서 죽기까지 순종하심으로 우리는 죄를 용서받고 하나님과 함께 영원히 거하게 되었지요.

보물 지도

열 가지 재앙을 찾아라!

[준비물] 성경, 종이, 색연필

① 성경에서 출애굽기 5장 1절~13장 16절을 펴게 한다.

② 아이들이 성경에서 해당되는 부분을 찾을 수 있도록 도와주고 성경 이야기를 간단히 복습한다.

③ 2~3명씩 팀을 나누고, 각 팀당 종이 한 장과 색연필 한 자루씩을 나누어 준다.

④ 성경에서 각 재앙을 찾아 색연필로 칠한 뒤, 재앙과 해당되는 구절을 종이에 적게 한다. 이때 마지막 재앙은 처음 난 것의 죽음보다는 첫 유월절에 있었던 하나님의 보호하심에 초점을 맞추게 한다.

TIP 읽기와 쓰기를 어려워하는 아이가 있다면 그림으로 표현하게 한다. 학년이 높은 아이들에게 어떤 재앙이 이집트 사람에게만 일어났는지 물어보아도 좋다.

1. 나일 강 물이 피로 변함 (출 7:19~21)
2. 개구리 (출 8:5~6)
3. 이 (출 8:16~19)
4. 파리 (출 8:20~24, 이집트 사람에게만)
5. 가축의 죽음 (출 9:1~7, 이집트 사람에게만)
6. 악성 종기 (출 9:8~11, 이집트 사람에게만)
7. 무거운 우박 (출 9:18~26, 이집트 사람에게만)
8. 메뚜기 (출 10:12~15)
9. 3일간의 캄캄한 흑암 (출 10:21~23, 이집트 사람에게만)
10. 처음 난 것의 죽음 (출 12:21~30, 하나님이 어린양의 피를 문 인방과 좌우 문설주에 바른 이들을 보호하심)

재앙을 통해 **하나님은 하나님만 유일한 진짜 신이시라는 것을 이집트 사람들에게 보여 주셨어요.** 하나님은 이스라엘 백성에게도 하나님의 능력을 나타내셔서 아무것도 하나님의 약속을 막을 수 없다는 것을 보여 주셨어요. 하나님은 큰 능력으로 이스라엘 백성을 이집트에서 이끌어 내셨어요!

탐험하기

유월절 윷놀이

[준비물] 학생용 교재 13쪽, 79쪽 말 또는 두 종류의 병뚜껑 4개씩, 네임펜, 가위

① 두 팀으로 나누고, 윷놀이 규칙을 설명한다.

② 팀 구분이 되도록 말을 4개씩 나누어 주고 뒷면에 '피'가 적힌 말을 확인한다(다른 종류의 병뚜껑을 사용해도 좋다. 병뚜껑을 사용할 경우 뚜껑 안쪽에 '피'라고 쓴다. 상대 팀에게 글씨가 보이지 않도록 주의한다.)

③ 4개의 말이 다 돌아오거나 상대 말을 2개 잡으면 승리하는 게임이다. '어린양의 피'를 바른 말은 잡혔을 때 죽지 않고 상대의 말을 출발점으로 돌아가게 한다고 알려 준다.

어린양의 피를 바른 말은 잡을 수 없었던 것처럼 이집

트의 모든 장자가 죽음을 맞이했던 날, 어린양의 피를 문 인방(문틀의 위아래)과 좌우 문설주(문틀의 왼쪽과 오른쪽 기둥)에 바른 집에는 죽음이 지나갔어요. 예수님의 보혈은 모든 믿는 사람을 죽음에서 지켜 주어요.

내 백성을 보내라! *

[준비물] 종이, 사인펜, 바구니

① 두 명을 뽑아 각각 파라오와 모세의 역할을 맡긴다. 나머지 아이들은 이스라엘 백성이 된다.

② 종이에 열 가지 재앙을 각각 적은 뒤 구겨서 공처럼 만들어 바구니에 담고 모세 앞에 놓아 둔다.

③ 모세가 파라오에게 "내 백성을 보내라!"라고 말하면 파라오는 "안 돼!"라고 말하게 하며 게임을 시작한다.

④ 모세는 바구니에 담긴 종이공 중에 하나를 파라오에게 던지고, 파라오는 종이에 적힌 재앙을 보고 몸으로 표현하게 한다. 이때 파라오는 말을 할 수 없다.

⑤ 이스라엘 백성의 역할을 맡은 아이들에게 어떤 재앙인지 맞혀 보라고 한다. 맞힌 아이에게 파라오의 역할을 맡기고 게임을 반복한다.

모세는 파라오에게 "내 백성을 보내라!"라고 여러 번 말했어요. 그러나 파라오는 계속해서 "안 돼!" 하고 대답했어요. 우리는 하나님이 이집트에 열 가지 재앙을 보내시고 나서야 파라오가 이스라엘 백성을 보냈다는 것을 배웠어요. **재앙을 통해 하나님은 하나님만 유일한 진짜 신이시라는 것을 이집트 사람들에게 보여 주셨어요.**

🗃️ 보물 상자

나만의 기록장

[준비물] 학생용 교재 14쪽, 연필이나 색연필

하나님은 하나님만 유일한 진짜 신이시라는 것을 이집트 사람들에게 보여 주셨어요. 하나님은 하나님의 백성을 큰 능력으로 구하셨어요. 하나님은 예수님의 죽음과 부활의 능력을 통해 우리를 죄에서 구원하셨어요.

① 유월절 사건을 상상해 보게 한다.

② 장자가 죽는 재앙이 지나간 다음 날 이스라엘 백성은 어떤 고백을 했을지 그림이나 글로 표현해 보게 한다.

③ 시간 여유가 있다면 아이들의 기도 제목을 받거나 학생용 교재의 성경 이야기 그림을 색칠하게 해도 좋다. 하나님의 어린양이신 예수님을 보내 주신 하나님께 감사 기도를 드린다. 아이들의 이름을 하나하나 부르며 기도한다. 아이들이 예수님을 구주로 믿을 수 있도록 도와 달라고 간구한다.

메시지 카드

이번 주 메시지 카드로 부모님과 함께 오늘 배운 성경 이야기를 나누어 보라고 한다.

기도

하나님, 유일한 진짜 신이신 하나님을 믿게 해 주셔서 감사합니다. 예수님이 보배로운 피를 흘리시고 우리를 죽음에서 건져 주시니 감사합니다. 예수님의 이름으로 기도합니다. 아멘.

3
홍해를
건넜어요

출 13:17~15:21

성경의 초점

하나님의 계획은 무엇인가요?
하나님의 계획은 하나님의 백성을
노예 생활에서 구하시는 거예요.

본문 속으로

이스라엘 백성이 홍해를 건넌 일은 하나님이 강력한 힘으로 그들을 구원하신 사건으로 여러 세대에 걸쳐 기억되었습니다. 하나님은 이집트에 쏟아진 열 가지 재앙을 통해 하나님의 능력을 명백히 보여 주셨고, 홍해 사건에서 더 강력한 힘을 보여 주셨습니다. 하나님은 이스라엘 백성을 광야 길로 인도하시는 대신 홍해로 방향을 바꾸심으로 이집트인들로 하여금 그들이 길을 잃었다고 생각하게 하셨습니다. 하나님은 일부러 파라오의 마음을 강퍅하게 하셔서 이스라엘을 뒤쫓게 하셨습니다. 왜 그러셨을까요? "내가 그와 그의 온 군대로 말미암아 영광을 얻어 애굽 사람들이 나를 여호와인 줄 알게 하리라"(출 14:4).

이스라엘 백성이 자신들을 추격해 오는 이집트 군대를 바라보면서 느꼈을 두려움을 상상해 보십시오. 그들은 모세에게 불평하며 두려움을 드러냈습니다(출 14:11). 모세는 그들을 진정시키기 위해 크게 외쳤습니다. "여호와께서 너희를 위하여 싸우시리니 너희는 가만히 있을지니라"(출 14:14).

하나님은 정말 이스라엘 백성을 위해 싸워 주셨습니다. 밤새 구름 기둥으로 이집트의 전차 부대와 이스라엘 사이를 막아 서셨고, 모세로 하여금 그의 손을 바다 위로 내밀게 하셨습니다. 하나님은 강력한 동풍으로 강물을 갈라놓으셨고, 이스라엘 백성은 믿음으로 마른 땅을 건너갔습니다(히 11:29)! 파라오와 이집트의 군대가 이스라엘을 쫓아왔을 때 물이 그들을 뒤덮었습니다. 그들 중 누구도 살아남지 못했습니다.

●●● 티칭 포인트

하나님은 자신을 사랑하는 사람들을 도우시는 분이라는 것을 아이들이 이해할 수 있도록 도와주십시오. 하나님은 홍해를 가르셔서 하나님의 선택받은 백성을 살릴 길을 마련하셨습니다. 마찬가지로, 하나님은 예수 그리스도를 통해 사람들이 죄의 벌에서 피할 수 있는 길을 마련해 주셨습니다. 하나님이 우리를 구원하신 것은 우리에게 구원받을 자격이 있어서가 아니라 그분이 은혜와 사랑의 하나님이시기 때문입니다. 하나님은 우리와 깊은 관계를 맺기 원하셔서 우리를 창조하셨습니다.

주 제
전능하신 하나님은 홍해를 갈라
이스라엘 백성이 마른 땅을 건너게
하셨어요.

가스펠 링크
하나님은 모세를 통해 이스라엘 백성을
이집트에서 구하신 것처럼
예수님을 통해 하나님의 백성을 영적으로
구원하실 거예요.

홍해를 건넜어요 출 13:17~15:21

열 가지 재앙, 특히 장자의 죽음이라는 무시무시한 열 번째 재앙을 겪은 이후에, 이집트의 파라오가 말했어요. "너희는 가서 여호와를 섬겨라!"

이스라엘 백성은 속히 이집트를 떠났어요. 하나님은 앞서 가시며 낮에는 구름기둥으로, 밤에는 불기둥으로 빛을 비추어 주셔서 그들이 밤낮으로 움직이는데 어려움을 겪지 않게 하셨어요. 그런데 하나님은 이스라엘 백성을 가나안으로 가는 지름길로 인도하지 않으시고 광야를 돌아 홍해로 이끄셨어요. 하나님은 모세에게 홍해 근처에 장막을 치라고 말씀하셨어요.

한편 이집트의 파라오는 마음이 바뀌어서 이스라엘 백성을 괜히 내보내서 일손을 잃어버렸다고 후회했지요. 파라오는 군대를 이끌고 이스라엘 백성을 뒤쫓았어요. 하나님은 하나님만 유일한 진짜 신이시라는 것을 이집트 사람들에게 보여 주기 원하셨어요.

파라오와 그의 군대가 이스라엘 백성을 쫓아 홍해 근처에까지 이르렀어요. 이스라엘 백성은 그 모습을 보고 두려워 소리쳤어요. "우리는 다 죽을 거예요! 이집트를 떠나지 말았어야 했어요!" 그러나 모세는 이렇게 말했어요. "여러분, 두려워하지 마십시오. 굳게 서서 여호와께서 오늘 여러분을 위해 행하시는 구원을 보십시오. 여러분은 오늘 본 이집트 사람들을 영원히 다시 보지 않을 것입니다."

그때 하나님의 천사와 구름기둥이 뒤쪽으로 옮겨 가 이집트 군대와 이스라엘 백성 사이를 막아 섰어요. 이집트 사람들이 있는 쪽은 어둡게, 이스라엘 사람들이 있는 쪽은 환하게 밝혀서 이집트 군대가 이스라엘 진영에 접근하지 못하게 했어요.

하나님은 모세의 손을 바다 위로 내밀게 하셨어요.

그러자 홍해가 갈라졌어요. 이스라엘 백성 앞에 마른 땅이 드러났지요. 이스라엘 백성은 바다 가운데를 육지로 걸었고, 물은 그들의 양쪽에 벽이 되었어요.

이집트 군대도 홍해로 들어섰어요! 그런데 이스라엘 백성이 안전하게 홍해 건너편에 도달하자 모세는 다시 손을 바다 위로 내밀었고 물이 이집트 군대 위에 다시 흐르기 시작했어요. 그들은 아무도 살아남지 못했지요. 여호와께서 이집트 사람들의 손에서 이스라엘을 구하신 거예요.

이 일을 눈으로 직접 본 이스라엘 백성은 하나님을 두려워했어요. 그리고 하나님이 모세를 보내서서 자신들을 이끌고 계신다는 것을 믿게 되었답니다. 모세와 이스라엘 백성은 여호와께 찬양했어요. "여호와는 나의 힘이시며, 나의 노래이시며, 나의 구원이십니다!"

●● 가스펠 링크

전능하신 하나님은 홍해를 갈라 이스라엘 백성이 마른 땅을 건너게 하셨어요. 이집트 사람들을 피할 수 있는 길을 내어 주신 것이지요. 마찬가지로, 하나님은 사람들이 죄의 벌에서 피할 길을 내어 주세요. 바로 하나님의 아들이신 예수 그리스도를 통해서랍니다. 예수님은 하나님께로 갈 수 있는 유일한 길이세요.

가스펠 준비 10~20분

환영

도착하는 아이들을 반갑게 맞이하고 헌금, 출석, QT 등을 확인하며 격려한다. 새 친구가 있다면 소개한다. 편안한 분위기에서 안부를 물으며 오늘의 말씀과 관련된 화제로 이야기를 나눈다. 지금 나이에는 도저히 할 수 없는 일이 무엇인지 물어본다. 자발적으로 대화에 참여하도록 이끈다.

예) "가스레인지 가스 불을 켜 본 적이 있나요?", "버스나 트럭을 운전할 수 있나요?" 등.

마음 열기

나는야 교통경찰 ✱

[준비물] 컬러 박스테이프

① 컬러 박스테이프로 둥근 트랙 모양의 차도를 그리고 횡단보도를 표시한다.

② 교통경찰 역할을 할 아이를 한 명, 자동차 역할을 할 아이를 3~5명 선발한다.

③ 나머지 아이들에게는 보행자 역할을 맡기고 트랙 바깥쪽의 횡단보도 앞에 서게 한다.

④ 교통경찰이 주먹을 쥐면 자동차들은 멈추어야 하고, 보행자는 길을 안전하게 건널 수 있다. 인도자가 자동차의 속도를 조절하며 게임의 긴장감을 높일 수 있다.

⑤ 교통경찰이 손을 흔들면 자동차들은 다시 앞으로 갈 수 있다.

⑥ 새로운 교통경찰을 뽑아 게임을 계속한다.

⌐ 오늘은 모세가 바다 위로 손을 내밀자 흐르던 바다가 물러간 사건을 배울 거예요. 어떻게 그런 놀라운 일이 일어날 수 있었는지 함께 알아볼까요?

그래도 될까? ✱

① 모세 역할을 할 아이를 한 명 정한 뒤 예배실 한쪽 벽에 세운다.

② 다른 아이들은 반대쪽 벽에 모세를 마주 보고 좌우로 길게 세운다.

③ 아이들이 모세 쪽으로 한 걸음씩 다가가는 게임으로, 모세가 한 아이를 지명하고 걸어가는 방법을 명령하면 그 아이가 "그래도 될까?"라고 허락을 받아 움직이는 식으로 진행한다. 모세가 대답하

기 전까지는 움직일 수 없고, 움직이거나 모세의 지시를 따르지 않으면 출발선으로 돌아가야 한다고 말해 준다.

예) "○○○은 작은 걸음으로 다섯 걸음 걸어"(모세) → "그래도 될까?"(○○○) → "그래도 돼" 또는 "아니, 작은 걸음으로 세 걸음 걸어"(모세) 등.

④ 행동이 끝나면 모세는 다른 아이를 선택해서 게임을 계속한다.

⑤ 아이들이 모세에게 도착하면 게임이 끝난다. 제일 먼저 도착한 아이가 새로운 모세 역할을 맡는다.

⌐ 모세는 이스라엘 백성을 이집트에서 인도해 냈어요. 하지만 여전히 그들 앞에는 갈 길을 가로막는 무엇인가가 있었답니다. 잠시 후에 그 장애물이 무엇인지, 어떻게 그 장애물을 통과했는지 알아보도록 해요.

가스펠 설교

들어가기

[준비물] 지도

지도를 가지고 두리번거리며 길을 잃은 것 같은 표정으로 등장한다.

여러분, 안녕하세요! 혹시 여러분 중에 지도를 볼 줄 아는 친구 있나요? 요즘은 거의 내비게이션이나 핸드폰 지도를 사용하기 때문에 지도를 보는 것이 쉽지 않아요. 여러분이 알고 있는지 모르겠지만, 지도는 고고학자들에게 매우 중요한 도구랍니다. 고고학자들은 오래된 지도와 새 지도를 모두 사용해서 원하는 유물을 찾고 싶어 하지요. 바닥을 파는 일이란 쉬운 일이 아닌데, 어디를 파야 할지 모른다면 정말 힘들 것 같아요!

지난주에 우리는 이스라엘 백성이 이집트를 떠난 이야기를 배웠어요. 이스라엘 백성은 이집트를 떠나 어디로 갔나요? 그들은 어디로 가야 할지 알고 있었나요?

연대표

연대표의 어디쯤 와 있는지 함께 살펴볼까요?

모세를 부르셨어요

이스라엘 백성은 재앙을 피했어요

홍해를 건넜어요

광야에서 시험을 치렀어요

금송아지를 만들었어요

십계명 "하나님을 사랑하라"

연대표는 성경 이야기들이 언제 어디에서 일어났는지, 그 이야기들이 서로 어떻게 연결되는지, 성경을 어떻게 전체적으로 바라볼 수 있는지를 알려 주어요. *연대표를 가리킨다.* 여기가 지난주에 우리가 공부했던 곳이에요. "이스라엘 백성은 재앙을 피했어요"이지요. 열 가지 재앙이 지나가고 드디어 이스라엘 백성은 이집트를 탈출했어요. 하나님은 구름기둥과 불기둥으로 이스라엘 백성을 이끄셨지요. 이스라엘 백성이 홍해 앞에 도착했을 때 무슨 일이 일어났나요? 하나님은 왜 이스라엘 백성을 홍해로 인도하셨을까요?

성경의 초점

답을 찾을 방법은 딱 하나밖에 없어요. 바로 성경이랍니다. 성경은 우리가 배우는 성경 이야기들에 대한 모든 답을 갖고 있어요. 더 중요한 것은, 성경은 우리에게 하나님이 누구이신지, 그리고 성경의 모든 것이 어떻게 예수님을 가리키고 있는지 알려 준답니다. 성경을 가져왔다면 한번 높이 들어 보세요.

오늘의 성경 이야기를 시작하기 전에 하나님의 계획에 대해 생각해 보아요. **하나님의 계획은 무엇인가요? 하나님의 계획은 하나님의 백성을 노예 생활에서 구하시는 거예요.**

성경 이야기

우리는 하나님이 이스라엘 백성에게 그들이 하나님의 백성이라는 사실을 어떻게 반복해서 보여 주셨는지를 배우게 될 거예요. 이스라엘 백성이 이집트를 떠난 후에 어떤 일이 일어났는지 살펴볼게요.

출애굽기 13장 17절~15장 21절을 펴고, 설교 영상(지도자용 팩)을 보여 주거나 이야기 성경을 들려준다.

와! 홍해가 눈앞에 펼쳐져 있고, 뒤에서는 이집트의 군대가 쫓아오는 광경을 상상해 보세요. 이스라엘 백성은 도망치는 것은 불가능하다고 생각했어요. 절망적이었지요. 그렇지만 하나님이 하시기 어려운 일이 있을까요? 아니요, 하나님은 무엇이든 하실 수 있어요. **전능하신 하나님은 홍해를 갈라 이스라엘 백성이 마른 땅을 건너게 하셨어요.** 여러분의 눈

34

앞에서 바다가 갈라지고 있다고 상상해 보세요. 그리고 여러분은 양쪽에 바닷물이 벽처럼 서 있는 상태에서 마른 땅을 걷게 되는 거예요! 입이 딱 벌어지는 놀라운 광경이지요? 마침내 하나님은 뒤쫓아 오는 이집트 군대를 그 물로 쓸어버리셨어요. 이 사건은 하나님이 이스라엘을 돌보시는 분이고, 무엇이든 하실 수 있는 분이라는 것을 증명해 주었답니다.

복 / 습 / 질 / 문

1 하나님은 이집트를 떠난 이스라엘 백성을 무엇으로 인도하셨나요?

구름기둥과 불기둥 (출 13:21~22)

2 모세가 손을 홍해 위로 내밀자 어떠한 일이 일어났나요?

홍해가 갈라지고 이스라엘 백성이 마른 땅을 건넜다 (출 14:21~22)

3 이스라엘 백성을 쫓아 홍해 가운데로 들어온 이집트 군대는 어떻게 되었나요?

물이 다시 흘러 그들을 다 덮어 하나도 살아남지 못했다 (출 14:28)

4 하나님은 홍해를 가르셔서 이스라엘 백성이 피할 길을 내 주셨어요. 예수님은 우리가 무엇으로부터 피할 길을 내 주셨나요?

죄, 하나님의 심판

5 하나님의 계획은 무엇인가요?

하나님의 계획은 하나님의 백성을 노예 생활에서 구하시는 거예요.

 ### 찬양

여호와 나를 구원하셨네

때를 따라 도우시며 / 나의 삶을 돌보시네
구름기둥 불기둥 / 나의 걸음 인도하시네

여호와 나를 구원하셨네 / 원수가 날 해하지 못하네
약속의 그 나라엔 / 예수 우리 왕 다스리시네

불평과 원망 속에서 / 넘어질 때도
마침내 그 약속 이루시네

여호와 나를 구원하셨네 / 원수가 날 해하지 못하네
약속의 그 나라엔 / 예수 우리 왕 다스리시네.

※ 지도자용 팩 또는 가스펠 프로젝트 홈페이지(gospelproject.co.kr)에서 이용하세요.

 ### 복음 초청

성경과 21쪽 복음 초청 가이드를 이용해서 아이들에게 그리스도인이 되는 법을 설명해 준다. 따로 상담해 줄 사람을 정해 주고 궁금한 점이 있으면 물어보도록 격려한다.

이 시간 예수님을 마음에 모시고 싶은 친구는 함께 기도해요.

 ### 기도

하나님, 하나님의 백성과 함께 계시기 위해 성막을 지으신 것처럼 지금도 우리와 함께 계시는 것을 믿습니다. 예수님이 성막이 되어 우리와 함께 계시게 해 주셔서 감사합니다. 예수님 곁에서 언제나 하나님의 사랑을 느끼며 살기를 원합니다. 예수님의 이름으로 기도합니다. 아멘.

 ### 적용

어떤 일이 불가능하게 여겨졌던 적이 있나요? 여러분에게도 이런 일이 있었을지도 몰라요.

적용 예화 영상(지도자용 팩)을 보여 준다.

우리에게는 불가능한 일일지라도 하나님께는 가능해요. 하나님이 하시기 어려운 일이 있을까요? 하나님은 무엇이든 하실 수 있답니다.

이스라엘 백성이 홍해에 도착해서 파라오가 자신들을 쫓아오고 있다는 것을 알게 된 순간을 생각해 보세요. 그들은 너무 무서워서 자신들을 광야로 데려와 죽게 만들었다며 모세를 비난했어요! 우리도 가끔 힘든 상황이 되면 하나님의 계획을 쉽게 잊어버려요. 이스라엘 백성은 이집트 군대를 피할 방법이 없었지만 하나님은 홍해를 가르셔서 이스라엘 백성이 마른 땅을 건너게 하심으로 피할 길을 만들어 주셨어요. 이집트 사람들과 이스라엘 백성 모두가 하나님이 행하신 큰 일을 보고 여호와를 두려워하게 되었어요.

우리에게는 죄가 바로 가로막힌 홍해와 같아요. 우리는 죄인이기 때문에 하나님과 함께할 수 없어요. 하나님은 거룩하시기 때문이에요. 그렇지만 하나님은 무엇이든 하실 수 있어요. 하나님은 죄 없으신 예수님을 통해, 우리가 하나님과 다시 함께할 수 있는 길을 마련해 주셨어요.

가스펠 소그룹

10~20분

나침반

도자기 그림자를 찾아라!

[준비물] 학생용 교재 18쪽, 연필

① 함께 큰 소리로 출애굽기 14장 13절을 여러 번 읽어 충분히 익힌다.

② 도자기 그림자를 찾아 출애굽기 14장 13절을 완성해 보게 한다.

모 세 가 백성에게 이르되 너 희 는
두려워하지 말고 가만히 서 서 여호와께서 오늘
너희를 위 하 여 행하시는 구 원 을 보라
너희가 오늘 본 애굽 사 람 을
영원히 다시 보지 아니하리라

출애굽기 14장 13절

하나님은 이스라엘 백성의 하나님이 되시겠다는 약속을 계속해서 지키셨어요. 하나님은 구름기둥과 불기둥으로 이스라엘 백성을 인도하셨어요. 그리고 홍해를 가르셔서 그들을 바다 가운데 마른 땅으로 인도하셨고, 이스라엘의 대적들을 물로 쓸어버리셨어요.

보물 지도

성경 이야기 음향효과 만들기

[준비물] 성경

① 성경에서 출애굽기 13장 17절~15장 21절을 펴게 한다.

② 아이들이 성경에서 해당되는 부분을 찾을 수 있도록 도와주고 성경 이야기를 간단히 복습한다.

③ 여러 가지 음향효과를 만들어 본다.

TIP 창의적으로 발표할 수 있도록 격려하고, 간혹 엉뚱한 표현을 하더라도 무안해하지 않도록 반응에 주의한다.

예) 1. 홍해 : "쉬~" 소리를 낸다.

2. 이집트 군대 : 발을 빨리 구른다.

3. 이스라엘 백성의 소란 : 계속해서 "안 돼"를 외친다.

④ 인도자가 성경 이야기를 들려주며 아이를 지명하면 음향효과를 내게 한다.

우리는 홍해 앞에 위기를 맞이한 이스라엘 백성의 상황을 소리로 만들어 보았어요. 앞으로 가지도 못하고, 뒤돌아 가지도 못하는 위험한 상황에서 우리를 안전하게 지켜 주실 수 있는 분은 하나님뿐이세요.

탐험하기

모세와 이스라엘 백성

[준비물] 학생용 교재 19쪽, 연필

① 이야기 순서대로 번호를 적게 한 뒤 자원하는 아이에게 이스라엘 백성에게 어떤 일이 있었는지 전체 줄거리를 발표하게 한다.

② 순서에 맞추어 그림 속에 숨은 그림을 찾아 ○표 하고, 첫 글자 힌트를 얻은 후 빈칸에 적어 문장을 완성하게 한다.

하 나 님 의 계 획 은 하나님의 백 성 을
노 예 생 활 에서 구 하 시 는 거예요.

특급! 홍해 건너기 작전 *

[준비물] 갈색 하드보드지

① 아이들에게 이스라엘 백성이 홍해가 갈라진 후 마른 땅으로 건너간 이야기를 떠올려 준다.

② 두 팀으로 나누어 출발선에 세운 뒤 각 팀에게 갈색 하드보드지를 두 장씩 나누어 준다.

③ 인도자가 "시작!"을 외치면 각 팀의 두 명은 하드보드지를 바닥에 깔고 옮기고, 나머지 팀원들은 하드보드지를 밟으며 결승선까지 이동하게 한다.

④ 하드보드지를 옮기는 아이들은 팀원들이 밟고 지나간 하드보드지를 재빨리 앞으로 옮겨 신속하게 이동할 수 있도록 돕는다.

⑤ 먼저 결승선에 도착한 팀이 승리한다.

이스라엘 백성은 한밤중에 이집트를 떠났어요. 파라오는 마음을 바꾸어 그들을 이집트로 다시 데려오려고 했어요. 하나님은 모세에게 손을 바다 위로 내밀라고 하셨어요. 모세가 순종하자 홍해가 갈라졌고, 하나님의 백성은 다시 한 번 구원을 받았어요. **하나님의 계획은 하나님의 백성을 노예 생활에서 구하시는 거예요.** 하나님은 예수님을 믿는 사람들을 죄의 노예에서 구원해 주세요.

홍해를 건널 준비가 되었나요? *

[준비물] 컬러 테이프

① 예배실 바닥에 컬러 테이프를 이용해 2m 길이의 평행선을 만든다. 두 줄의 간격은 다리를 벌리고 설 수 있는 40cm 정도가 좋다. 예배실 크기에 따라 더 길게 붙여도 좋다.

② 평행선의 끝부분에서 30cm 정도 거리를 두고 컬러 테이프로 출발선을 표시한다.

③ 아이들을 출발선에 한 줄로 세운 뒤 자원자 한 명을 앞으로 나오게 해 모세 역할을 맡기고 평행선을 등지고 서게 한다.

④ 모세가 손을 들면, 나머지 아이들이 평행선 사이로 난 길로 지나가게 한다. 모세가 손을 내리기 전까지 통과해야 한다. 만약 모세가 손을 내렸을 때 아직 길에 남아 있거나 평행선을 넘어가거나 선을 밟은 아이는 탈락한다고 말해 준다.

⑤ 아이들이 모두 지나가면 모세는 줄의 맨 뒤에 가서 서고, 앞에 선 아이에게 모세 역할을 맡겨 게임을 계속한다.

모세가 바다 위로 손을 내밀자 홍해가 갈라졌어요. 하지만 홍해를 가르신 분은 바로 하나님이셨어요. 우리에게는 불가능한 일일지라도 하나님은 하실 수 있어요. 하나님이 하시기 어려운 일이 있을까요? 하나님은 무엇이든 하실 수 있답니다.

 ## 보물 상자

나만의 기록장

[준비물] 학생용 교재 20쪽, 연필이나 색연필

하나님은 하나님만 유일한 진짜 신이시라는 것을 이스라엘 사람들에게 **보여 주셨어요.** 하나님은 하나님의 백성을 큰 능력으로 구하셨어요. 하나님은 예수님의 죽음과 부활의 능력을 통해 우리를 죄에서 구원하셨어요.

① 홍해를 건널 때 이스라엘 백성은 어떤 기분이었을지 생각해 보고, 기뻐하는 하나님의 백성의 모습을 그림이나 글로 표현해 보게 한다.

② 이스라엘 백성이 마른 땅에서 무엇을 보았을지에 대해 이야기를 나누고, 용기가 필요한 순간이 언제인지 적어 보게 한다.

③ 시간 여유가 있다면 아이들의 기도 제목을 받거나 학생용 교재의 성경 이야기 그림을 색칠하게 해도 좋다. 무엇이든 하실 수 있는 하나님께 감사 기도를 드린다.

메시지 카드

이번 주 메시지 카드로 부모님과 함께 오늘 배운 성경 이야기를 나누어 보라고 한다.

기도

큰 능력으로 이스라엘 백성을 구해 주신 하나님, 감사합니다. 노예였던 이스라엘 백성을 안전하게 구하시고, 죄의 노예였던 우리를 안전하게 하나님 품으로 돌아오게 해 주셔서 감사합니다. 예수님을 통해 영원한 생명을 주셔서 감사합니다. 예수님의 이름으로 기도합니다. 아멘.

4

광야에서 시험을 치렀어요

출 15:22~17:7

본문 속으로

이스라엘 백성의 미래는 매우 밝아 보였습니다. 하나님은 모세를 통해 하나님의 백성을 이집트의 노예 생활에서 구하셨습니다. 하나님은 그들을 위해 싸우셨고, 홍해를 가르시고 이집트의 군대를 물리치심으로 그분의 능력을 보이셨습니다. 하나님은 이스라엘 백성을 아브라함에게 약속하셨던 땅으로 인도하셨습니다.

그러나 이스라엘 백성은 이집트에서 가나안으로 바로 향하지 못했습니다. 하나님은 그분의 백성을 광야로 인도하셨습니다. 그들의 밝은 미래는 사라지는 듯했습니다. 마른입과 텅 비어 요동치는 굶주린 배는 불평과 비난으로 이어졌습니다. 그들은 하나님의 선하심을 의심했습니다. 이스라엘 백성의 굶주림은 절망으로 이어졌습니다. "우리가 애굽 땅에서 고기 가마 곁에 앉아 있던 때와 떡을 배불리 먹던 때에 여호와의 손에 죽었더라면 좋았을 것을 너희가 이 광야로 우리를 인도해 내어 이 온 회중이 주려 죽게 하는도다"(출 16:3).

다시 한 번 하나님은 이스라엘 백성의 필요를 채우셨습니다. 모세와 아론은 여호와께서 하나님의 백성의 필요를 채워 주시는 이유에 대해 이렇게 말했습니다. "너희가 여호와께서 너희를 애굽 땅에서 인도하여 내셨음을 알 것이요"(출 16:6). 하나님은 만나와 메추라기를 보내 이스라엘 백성을 먹이셨습니다. 그들은 광야에서 40년 동안 만나를 먹었습니다.

하나님은 우리의 공급자이십니다. 광야에서 이스라엘 백성의 필요를 채워 주신 것처럼, 하나님은 아들이신 예수님을 보내시어 우리의 영적 필요를 채워 주셨습니다. 예수님은 우리에게 영원한 생명을 주시는 생명의 떡이십니다(요 6:35).

●● 티칭 포인트

아이들에게 하나님은 우리의 필요가 무엇인지 잘 알고 계시고, 그 필요를 채워 주시는 분임을 알려 주십시오. 연약한 우리가 해결할 수 없는 우리의 죄에 대한 문제를 해결해 주시고 영원한 생명을 선물로 주신 하나님을 묵상할 수 있도록 도와주십시오.

주제
하나님은 하나님의 백성의 필요를 채워 주셨어요.

가스펠 링크
하나님이 만나를 내려 하나님의 백성의 필요를 채워 주셨듯이 하나님은 우리의 영적 필요를 채우시기 위해 예수님을 보내 주셨어요.

4 | 광야에서 시험을 치렀어요

광야에서 시험을 치렀어요 출 15:22~17:7

모세는 이스라엘 백성을 홍해에서 광야로 인도했어요. 그런데 마실 물을 구하지 못하자 이스라엘 백성은 모세에게 불평했어요. 하나님이 말씀하셨어요. "너희가 내 말을 들어 순종하고 내가 보기에 옳은 일을 행하며 내 계명에 귀를 기울이며 내 모든 규칙을 지키면 내가 이집트 사람에게 내린 질병들을 너희에게 내리지 않을 것이다. 나는 너희를 치료하는 여호와이니라." 곧 이스라엘 백성은 엘림에 도착해 물과 음식을 발견했고, 그 샘물 가까이에 장막을 쳤어요.

이스라엘 백성은 엘림을 떠나 다시 광야로 들어갔어요. 그들은 굶주리게 되자 모세에게 또 불평했지요. "차라리 이집트에서 고기 삶는 솥 주위에 둘러앉아 먹고 싶은 만큼 음식을 먹을 때 여호와의 손에 죽는 것이 나았을 텐데! 당신이 우리를 이 광야로 끌고 나와 다 굶어 죽게 생겼습니다!" 그러나 하나님은 이스라엘 백성을 광야에서 죽게 하시려고 인도해 내신 것이 아니었어요. 모든 것은 하나님의 계획 가운데 있었답니다.

하나님은 "해가 질 때에는 너희가 고기를 먹을 것이요, 아침에는 떡(빵)으로 배부를 것이다. 그러면 내가 너희 하나님 여호와인 줄 너희가 알게 될 것이다"라고 말씀하셨어요. 저녁이 되자 메추라기가 와서 진에 덮이고, 아침에는 땅 위에 작고 둥글며 서리같이 가는 것이 쌓였어요. 이스라엘 백성은 어리둥절해 "이것이 무엇이냐?"하며 서로 물었어요. 모세가 대답했지요. "이것은 여호와께서 여러분에게 먹으라고 주신 양식입니다." 이스라엘 백성은 이것을 '만나'라고 불렀어요. '만나'란 '이것이 무엇이냐?'라는 뜻이랍니다.

하나님은 각 사람이 먹을 만큼만 만나를 거두라고 하셨어요. 그리고 안식일 전날에는 만나를 두 배로 거두라고 하셨어요. 일곱 번째 날인 안식일에는 쉬어야 했기 때문이지요. 그러나 이스라엘 백성은 하나님의 명령을 따르지 않았어요. 만나를 많이 거두어서 다음 날 아침까지 남겨 두었다가 벌레가 생기고 냄새가 나서 먹지 못하는 경우도 있었고, 또 어떤 사람은 안식일에 만나를 거두려고도 했지요. 이스라엘 백성은 40년 동안 광야에서 만나를 먹었답니다.

이스라엘 백성은 하나님의 명령을 따라 광야를 떠돌았어요. 어느 날 그들은 마실 물을 구하지 못하자 모세에게 대들었어요. "우리에게 마실 물을 주십시오!" 모세는 "여러분은 왜 저와 싸우려 합니까?"라고 물었어요. 이스라엘 백성은 원망하며 대답했지요. "왜 우리를 이집트에서 데리고 나와 목말라 죽게 하는 것입니까?" 그들은 여호와께서 그들을 위해 하신 일을 잊어버린 거예요!

모세는 여호와께 부르짖었어요. "제가 어떻게 해야 합니까?" 하나님은 모세에게 반석을 보여 주셨고, 지팡이로 반석을 치라고 하셨어요. 모세가 순종하자 반석에서 물이 나왔고 백성은 그 물을 마셨어요. 그것은 하나님이 이스라엘 백성과 함께하신다는 표적이었지요.

●● 가스펠 링크

예수님은 자신이 '생명의 떡'이라고 말씀하셨어요(요 6:31~35). 하나님은 하나님의 백성의 필요를 채우는 만나를 주셨고, 우리의 영적 필요를 채우기 위해 예수님을 보내 주셨어요. 이스라엘 백성은 이 땅에서 살아가기 위해 떡이 필요했지만, 생명의 떡이신 예수님을 믿는 사람은 누구나 영원한 생명을 얻을 수 있답니다!

가스펠 준비

환영

도착하는 아이들을 반갑게 맞이하고 헌금, 출석, QT 등을 확인하며 격려한다. 새 친구가 있다면 소개한다. 편안한 분위기에서 안부를 물으며 오늘의 말씀과 관련된 화제로 이야기를 나눈다. 누군가를 믿기 힘들었던 순간이 있었는지 물어본다. 자발적으로 대화에 참여하도록 이끈다. 예) "누군가를 믿었다가 실망했던 적이 있나요?", "누군가를 믿는 것이 어려운 이유는 무엇일까요?" 등.

오늘 우리는 하나님의 백성을 노예 생활에서 구하신 하나님의 계획에 대해 계속해서 배울 거예요. 오늘의 성경 이야기에서 **하나님은 하나님의 백성의 필요를 채워 주셨어요.** 광야에서 하나님의 백성은 모세를 의심했고, 하나님이 자신들을 위한 계획을 갖고 계신다는 사실을 믿지 못했어요.

마음 열기

만나를 담아라 *

[준비물] 저울, 사탕, 바구니, 포스트잇, 사인펜, 무게를 가늠할 수 있는 물건

① 두 팀으로 나누어 출발선에 세운 뒤 팀 대표에게 바구니를 나누어 준다.

② 출발선 바깥쪽에는 사탕을 여기저기 흩어 놓는다(많을수록 좋다).

③ 흩어진 사탕들 중간중간에 무게를 가늠할 수 있는 물건(책 한 권, 필통, 농구공 등)을 놓아 둔다. 물건의 무게를 포스트잇에 써 붙여 놓고, 그 무게를 기준으로 사탕의 무게를 가늠할 수 있게 한다.

④ 인도자는 "출발!"을 외치며 사탕을 정한 무게만큼 담아 오라고 말한다. 이것은 우리가 하루 동안 먹을 수 있는 만나의 양이라고 설명해 준다.

⑤ 아이들은 정해진 무게만큼의 사탕을 주우러 출발한다. 바구니를 든 팀 대표는 팀원들이 부를 때 신속하게 움직이라고 말해 준다. 이때 무게를 가늠하기 위해 물건들을 들어 보며 비교할 수 있다.

⑥ 각 팀이 돌아오면 바구니에 든 사탕의 무게를 재 보고, 정한 무게와 가까운 팀이 승리한다.

오래전에 이스라엘 백성은 광야에 있었는데, 그곳에는 음식과 물이 없었어요. 그들은 배가 고프다며 불평했어요. 하나님은 이스라엘 백성을 위해 아침마다 만나를 내려 주셨답니다. 그런데 만나는 매일매일 필요한 양만큼만 거두어야 했어요. 오늘의 성경 이야기를 들어 보며 더 자세한 이야기를 살펴보아요.

물이 필요해 *

[준비물] 물, 불투명한 컵 4개

① 4개의 컵 중에서 한 개에만 물을 담아 놓는다. 아이들이 어느 컵에 물이 들었는지 알 수 없게 한다.

② 대표 한 명을 뽑아 앞으로 나오게 한 뒤 각 컵을 들고 그 안에 있는 물을 마시는 척하게 한다.

③ 나머지 아이들은 실제로 물이 들어 있는 컵이 무엇인지 맞혀야 한다.

이집트를 탈출한 이스라엘 백성이 만난 땅은 사막과 같은 광야였어요. 그곳에서는 물을 구하는 것이 쉽지가 않았지요. 뜨거운 태양 아래 이스라엘 백성은 목이 말랐어요. 그들이 물을 구할 수 있는 방법은 무엇일까요? 오늘 성경 이야기를 통해서 그 답을 찾아보아요.

41

가스펠 설교

15~30분

들어가기

[준비물] 배낭, 침낭, 초코바 껍질, 핸드폰

배낭을 메고 침낭을 들고 등장한다. 바닥에 침낭을 편 뒤 그 위에 앉는다. 배낭은 옆에 놓아 둔다.

안녕하세요, 여러분! 몽골 고원에 있는 고비 사막에 오신 여러분을 환영합니다! 저는 지금 몽골의 수도 울란바토르에 와 있습니다. 고비 사막은 너무 넓어요. 잠시 쉬어야겠어요. 아! 지금이 간식 먹기에 딱 좋은 시간이네요. 배낭을 열고 뒤지다가 초코바 껍질을 꺼낸다. 오! 문제가 생겼네요. GPS를 꺼내서 가까운 식당을 찾아보아야겠어요. 핸드폰을 꺼내 위치를 확인한다. 이 지도에 따르면, 제일 가까운 도시도 며칠을 걸어가야만 해요. 혹시 사탕이나 껌을 가진 친구 있나요?

연대표

모세를
부르셨어요

이스라엘 백성은
재앙을 피했어요

홍해를
건넜어요

광야에서
시험을 치렀어요

몇 주 전에 우리는 **하나님의 계획은 하나님의 백성을 노예 생활에서 구하시는 것**이라고 배웠어요. 하나님은 아기 모세를 구하셨고, 모세가 어른이 된 이후에는 이집트로 돌려보내셨어요. 그리고 파라오에게 가서 이스라엘 백성을 보내 달라고 말하게 하셨지요. 파라오는 "내 백성을 보내라"라는 하나님의 명령에 순종하지 않았어요. 그러자 **하나님은** 재앙을 내리셨고 **하나님만 유일한 진짜 신이시라는 것**을 이집트 사

람들에게 보여 주셨어요. 이스라엘 백성은 하나님이 자신들을 이집트에서 인도해 내겠다는 약속을 지키시는 분이라는 것을 알게 되었지요.

지난주의 성경 이야기에서 이스라엘 백성은 하나님이 홍해의 마른 땅을 통해 그들을 인도하시자 기뻐하며 이후 하나님을 찬양했어요. 그러나 오늘의 성경 이야기에서는 하나님의 백성에게 문제가 생겼어요. 그들은 광야에 있었는데, 광야에는 먹을 것이나 물이 없었거든요. 그리고 가져온 음식도 다 떨어졌고요! 이제 **하나님이** 어떻게 **이스라엘 백성의 필요를 채워 주셨는지** 알아보기로 해요.

성경의 초점

1단원의 '성경의 초점'을 기억하나요? **하나님의 계획은 무엇인가요? 하나님의 계획은 하나님의 백성을 노예 생활에서 구하시는 거예요.** 하나님의 백성은 음식과 물이 떨어지자 하나님의 계획을 잊어버렸어요. 그들은 자신들을 광야로 인도해 죽게 만들었다며 모세를 비난했어요. 그러나 이것은 절대 사실이 아니에요. 하나님의 백성을 위한 하나님의 계획은 언제나 하나님께 영광을 돌리는 것이고, 우리에게는 좋은 것이랍니다.

📖 성경 이야기

출애굽기 15장 22절~17장 7절을 펴고, 설교 영상(지도자용 팩)을 보여 주거나 이야기 성경을 들려준다.

여러분은 배가 고프면 어떠한가요? 배에서 꼬르륵 소리가 나나요? 배가 아프기도 하다고요? 정말 배고플 때는 어떻게 하나요? 아이들의 대답을 기다린다. 우리는 배가 고프면 보통 부엌에 가거나 슈퍼마켓에 가서 먹을 것을 사 와요. 이스라엘 백성은 광야, 즉 사막에 있었어요. 그곳에는 사람들이 살아가는데 필요한 음식이나 물이 없었어요.

하나님이 먹을 것이나 물을 주시는 것을 잊어버리셨을까요? 아니에요! 하나님은 우리의 몸을 만드신 분이기 때문에 우리에게 필요한 것이 무엇인지 정확하게 알고 계세요. 그리고 **하나님은** 선하시고, 우리의 **필요를 채워 주시는** 분이에요.

하나님은 단지 이스라엘 백성이 하나님이 자신들을 돌보아 주실 것이라고 믿는지 시험하신 거예요! 이스라엘 백성은 하나님을 신뢰했을까요? 슬프게도 그렇지 못했어요! 이스라엘 백성은 불평했어요. 그들은 하나님을 믿지 못하고 불평했지만, **하나님은 하나님의 백성의 필요를 채워 주셨어요.** 하늘에서 만나를 내려 주셨고, 나중에는 그들의 영적 필요를 위해 하나님의 아들이신 예수님을 보내 주셨어요. 신약 성경에서 예수님은 자신이 '생명의 떡'이라고 말씀하셨어요 (요 6:31~35). 이스라엘 백성은 이 땅에서 살아가기 위해 떡을 구했지만, 예수님을 믿는 사람은 누구나 영원한 생명을 얻을 수 있답니다!

복 / 습 / 질 / 문

1 이스라엘 백성이 광야에서 모세에게 불평한 이유는 무엇인가요?

먹을 것과 물이 없었기 때문이다 (출 16:2~3, 17:1~3)

2 이스라엘 백성은 하나님이 주신 양식을 무엇이라고 불렀나요?

만나 (출 16:31)

3 하나님은 만나를 거두는 데 있어서 사람들에게 어떤 지시를 하셨나요?

각 사람이 먹을 만큼만 거두되, 안식일 전날에는 두 배로 거두라고 하셨다 (출 16:16~26)

4 하나님은 하나님의 백성에게 물을 어떻게 공급하셨나요?

모세에게 지팡이를 손에 잡고 반석을 치게 해 물이 나오게 하셨다 (출 17:5~6)

5 이스라엘 백성은 광야에서 얼마나 오랫동안 만나를 먹었나요?

40년 (출 16:35)

6 하나님의 계획은 무엇인가요?

하나님의 계획은 하나님의 백성을 노예 생활에서 구하시는 거예요.

복음 초청

성경과 21쪽 복음 초청 가이드를 이용해서 아이들에게 그리스도인이 되는 법을 설명해 준다. 따로 상담해 줄 사람을 정해 주고 궁금한 점이 있으면 물어보도록 격려한다.

이 시간 예수님을 마음에 모시고 싶은 친구는 함께 기도해요.

기도

하나님의 백성에게 필요한 모든 것을 채워 주시는 하나님, 감사합니다. 우리는 하나님의 복을 받을 만한 사람들이 아닌데도 하나님은 아들이신 예수님을 보내셔서 우리를 죄에서 구원해 주셨습니다. 감사합니다. 우리가 매일매일 하나님을 더 신실하게 믿을 수 있게 도와주세요. 예수님의 이름으로 기도합니다. 아멘.

적용

적용 예화 영상(지도자용 팩)을 보여 준다.

캠핑을 가 본 적이 있나요? 그때 혹시 잊어버리고 가져가지 않은 물건은 없었나요? 때때로 우리는 계획을 세웠으면서도 필요한 것을 잊어버려서 스스로나 다른 사람들을 실망시키곤 해요. **하나님은 하나님의 백성의 필요를 채워 주시는 분이에요.** 하나님은 결코 우리를 실망시키지 않으세요. 하나님은 구원을 위해 우리에게 필요한 모든 것을 채워 주세요.

아이들과 함께 하나님이 우리의 필요를 채우시는 방법에 대해 이야기를 나눈다. 축복은 때로 우연처럼 보이지만, 모든 좋은 선물은 하나님으로부터 내려온다고 말해 준다(약 1:17).

가스펠 소그룹

 나침반

그림 암호 풀기

[준비물] 학생용 교재 24쪽, 연필

① 암호를 이용해 출애굽기 14장 13절을 완성하게 한다.

② 1단원 암송 구절을 여러 번 반복해 읽고 충분히 익히게 한다.

모세가 백성에게 이르되

너희는 두려워 하지 말고 가만히 서서

여호와께서 오늘 너희를 위하여 행하시는

구원을 보라 너희가 오늘 본

애굽 사람을 영원히 다시 보지 아니하리라

출애굽기 14장 13절

이스라엘 백성을 구해 주신 하나님은 우리에게 예수님을 보내셔서 죄의 노예가 된 우리를 구원하셨어요.

사라지는 집 *

[준비물] 1단원 암송(107쪽), 화이트보드, 보드마커, 화이트보드 지우개

① 화이트보드에 집을 그리고 굴뚝, 창문, 문을 그린다.

② 집 옆에 1단원 암송 구절을 쓴다. 중요 단어는 밑줄로 표시한다.

  예) <u>모세</u>가 <u>백성</u>에게 이르되 <u>너희</u>는 두려워하지 말고 가만히 서서

   <u>여호와</u>께서 오늘 너희를 위하여 행하시는 <u>구원</u>을 <u>보라</u>

   너희가 오늘 본 애굽 사람을 영원히 다시 보지 아니하리라(출 14:13).

③ 아이들이 정답을 말하면 빈칸을 채워 암송 구절을 완성한다.

④ 틀린 답이 나올 때마다 창문, 굴뚝 등 집의 일부를 하나씩 지워 간다.

⑤ 빈칸을 모두 채우면 암송 구절을 함께 큰 소리로 읽는다.

 보물 지도

특명! 만나를 모아라

[준비물] 성경, 솜이나 흰 종잇조각

① 성경에서 출애굽기 15장 22절~17장 7절을 펴고 오늘의 성경 이야기를 복습한다.

② 2~3팀으로 나눈 뒤 아래 질문을 하고, 정답을 맞히면 솜(만나)을 나누어 준다. 만나를 많이 가진 팀이 이기는 게임이다.

TIP 솜에 알레르기가 있는 아이가 있는지 주의한다. 흰 종잇조각이나 뻥튀기 과자로 만나를 대신해도 좋다.

1 이스라엘 백성이 멈춘 곳으로, 물이 풍부했던 장소는 어디인가요?

  엘림 (출 15:27)

2 이스라엘 백성은 하나님이 내려 주신 양식을 무엇이라고 불렀나요?

  만나 (출 16:31)

3 이스라엘 백성이 다음 날까지 만나를 보관하자 어떻게 되었나요?

  벌레가 생기고 냄새가 났다 (출 16:20)

4 이틀 치의 만나를 거두어도 되는 날은 언제였나요?

  여섯째 날, 즉 안식일 전날 (출 16:22)

5 이스라엘 백성이 만나를 거둘 수 없었던 날은 언제였나요?

  안식일 (출 16:25~27)

6 하나님이 저녁에 공급해 주신 고기는 무엇인가요?

  메추라기 (출 16:12~13)

7 이스라엘 백성은 하나님이 주신 만나를 얼마 동안 먹었나요?

  40년 (출 16:35)

8 반석에서 물을 내기 위해 하나님은 모세에게 어떤 명령을 하셨나요?

  지팡이를 손에 잡고 반석을 치라고 하셨다 (출 17:5~6)

9 하나님의 계획은 무엇인가요?

  하나님의 계획은 하나님의 백성을 노예 생활에서 구하시는 거예요.

   하나님은 만나와 메추라기를 보내 주셔서 **이스라엘 백성의 필요를 채워 주셨어요.** 그리고 예수님을 보내셔서 우리의 영적 필요를 채우셨어요. 광야의 이스라엘 백성에게 먹을 것을 보내 그들의 생명을 지켜 주신 하나님은 우리가 예수님을 통해 영원한 생명을 얻게 해 주셨어요.

탐험하기

필요해, 필요해!

[준비물] 학생용 교재 25쪽, 연필

① 이스라엘 백성이 모세를 따라 만나와 메추라기, 반석의 물을 찾으며 미로를 통과하게 한다.

② 글자를 모아 빈칸에 적어 하나님이 주시는 특별한 메시지를 찾아보게 한다.

③ 하나님이 주시는 특별한 메시지를 함께 읽어 본다.

하나님은 하나님의 백성의 필요를 채워 주셨어요.

이스라엘 백성은 광야를 지나갈 때 먹을 것을 구하기 어려웠어요. 하나님은 그들에게 매일 만나를 주셨어요. 하지만 이스라엘 백성은 만나를 먹으면서도 불평했어요. 이집트에서 노예로 있을 때 맛있게 먹던 음식들이 생각났기 때문이지요. 우리는 어떠한가요? 하나님이 주신 은혜에 감사하는 법을 잊고 혹시 불평만 늘어놓고 있지는 않나요?

만나 먹기 *

[준비물] 동그랗고 납작한 뻥튀기

① 아이들에게 뻥튀기를 한 개씩 나누어 준 뒤 손을 대지 않고 입으로만 먹어야 한다는 규칙을 말해 준다.

② 성공한 아이들에게 비결을 물어본다.

TIP 성공의 비결은 욕심 부리지 않고 조금씩 돌려 가면서 먹는 것이다.

하나님은 굶주린 이스라엘 백성을 위해서 매일 아침 만나를 내려 주셨어요. 하지만 만나를 먹는 데는 규칙이 있었어요. 매일 아침 만나를 거두되 그날 먹을 만큼만 거두어야 했지요. 욕심을 부려 너무 많이 거두면 다음 날 썩고 말았기 때문이에요. 이스라엘 백성은 매일 하나님이 내려 주시는 만나를 먹으며 필요를 채워 주시는 하나님의 은혜를 체험했어요.

보물 상자

나만의 기록장

[준비물] 학생용 교재 26쪽, 연필이나 색연필

① 하나님이 필요를 채워 주셨던 일을 떠올리게 한 후 그림이나 글로 표현해 보게 한다.

② 언제, 어떻게 채워 주셨는지 구체적으로 질문한다. 하나님이 음식이나 물을 주셨거나 아플 때 낫게 해 주신 경험도 포함된다. 아이들이 활동하는 동안 필요를 채워 주시는 하나님에 대해 이야기해 준다.

하나님은 사막에서 음식과 물을 주심으로써 **이스라엘 백성의 필요를 채워 주셨어요.** 또한 하나님은 아들이신 예수님을 보내 주셨어요. 예수님은 십자가에서 죽으시고 부활하심으로써 우리를 죄에서 구원하셨어요.

③ 예수님을 보내셔서 우리의 죄를 용서해 주심으로써 우리의 가장 큰 필요를 채워 주신 하나님께 감사 기도를 드린다. 모세를 보내 하나님의 백성을 구하신 하나님께 감사 기도를 드린다.

메시지 카드

이번 주 메시지 카드로 부모님과 함께 오늘 배운 성경 이야기를 나누어 보라고 한다.

기도

하나님, 이스라엘 백성에게 물과 만나를 주신 것처럼 우리를 돌보시는 하나님을 기억하며 살게 도와주세요. 하나님의 놀라운 능력에 의지하며 매일을 살게 해 주세요. 예수님의 이름으로 기도합니다. 아멘.

5

금송아지를 만들었어요

출 32:1~35, 34:1~9

본문 속으로

하나님은 이스라엘 백성을 광야로 보내셨지만 그들을 버려두지 않으셨습니다. 하나님은 그들과 함께 계셨고, 고기, 떡, 그리고 물을 공급해 주셨습니다. 또한 이스라엘 백성을 시내 산으로 인도하셔서 그들의 지도자인 모세와 만나셨습니다. 하나님은 산에서 불 가운데 강림하셨습니다. 이스라엘 백성은 하나님의 확실하고 강한 임재를 경험했습니다.

그러나 모세가 산에 올라가 몇 주 동안 돌아오지 않자 이스라엘 백성은 버림받았다고 느꼈습니다. 그들은 모세의 형 아론에게 말했습니다. "일어나라 우리를 위하여 우리를 인도할 신을 만들라 이 모세 곧 우리를 애굽 땅에서 인도하여 낸 사람은 어찌 되었는지 알지 못함이니라"(출 32:1). 이에 아론은 이스라엘 백성이 끔찍한 죄를 짓도록 돕는 일을 이끌게 되었습니다. 그는 사람들에게서 금을 거두어 금송아지를 만들었고, 사람들은 금송아지에게 경배했습니다.

하나님은 사람들이 하고 있는 일을 보시고는 모세에게 당장 산에서 내려가라고 말씀하셨습니다. 모세는 화가 나서 아론에게 어떻게 이끌었기에 사람들이 죄를 짓게 되었냐고 물었습니다. 아론은 사람들이 모세의 행적을 알 수 없으니 자신들을 인도할 신을 만들어 달라고 요청했고, 금을 가져오라고 했더니 금을 자신에게로 가져왔으며, 자신이 금을 불에 던지자 이 송아지가 나왔다고 말했습니다(출 32:23~24). 하나님은 금송아지를 섬긴 이스라엘 백성을 벌하셨습니다.

모세는 시내 산으로 돌아가 이스라엘의 죄를 사해 주시도록 하나님께 간구했습니다. 하지만 모세가 이스라엘 백성의 죄를 속죄하지는 못했습니다. 그럼에도 불구하고 하나님은 이스라엘 백성을 버리지 않으셨습니다. 하나님은 이스라엘 백성이 그들의 죄에 대해 책임을 져야 한다고 하셨지만 이스라엘 백성을 떠나지는 않을 것이라고 말씀하셨습니다.

●● 티칭 포인트

아이들에게 우상의 개념을 알려 주십시오. '우상'이란 우리가 하나님보다 더 중요하게 여기는 어떤 것이고, 그 어떤 것도 우상이 될 수 있으며, 우상은 죄라고 설명해 주십시오. 이스라엘 백성이 그들의 죄로 인해 벌을 받은 것처럼 우리는 우리의 죄로 인해 벌을 받아야만 합니다. 그러나 예수님은 결코 죄를 짓지 않으셨으며 모세보다 존귀하신 분입니다. 우리가 죄를 지으면 예수님은 우리를 위해 아버지께 간구하실 뿐 아니라 우리 죄를 대신 속죄해 주십니다. 하나님은 예수님을 믿는 사람의 죄를 사해 주십니다.

주제
하나님은 금송아지를 섬긴 하나님의 백성을 벌하셨어요.

가스펠 링크
모세가 이스라엘 백성의 죄를 용서해 달라고 했던 것처럼 예수님은 하나님과 사람 사이의 중재자이세요. 예수님은 십자가에서 우리의 죄를 사해 주셨고, 우리를 대신해 하나님 앞에 서 주셨어요.

금송아지를 만들었어요 출 32:1~35, 34:1~9

이스라엘 백성은 시내 산에 도착해 산 앞에 장막을 쳤어요. 모세는 산으로 올라갔고, 하나님이 모세에게 말씀하셨어요. 그렇게 모세는 시내 산에서 40일 밤낮을 머물렀어요. 모세를 기다리던 이스라엘 백성은 초조해졌어요. "모세는 왜 이렇게 오랫동안 돌아오지 않을까? 살아 있기는 한 것일까?" 이스라엘 백성은 모세의 형 아론에게 가서 말했어요. "우리를 인도할 신을 만들어 주십시오. 우리를 이집트에서 이끌어 낸 모세가 어떻게 되었는지 모르겠습니다." 그러자 아론은 그들에게서 금을 모아 금송아지를 만들고 경배하게 했어요.

하나님은 이스라엘 백성이 저지른 죄를 보시고 분노하셨어요. "내가 그들을 쳐서 없애 버리리라." 모세는 하나님께 간절히 기도했어요. "주의 백성에게 재앙을 내리지 말아 주십시오. 주의 종 아브라함과 이삭과 이스라엘을 기억해 주십시오. 자손을 하늘의 별같이 많게 하고 약속한 모든 땅을 자손에게 줄 것이니 이것이 그들의 영원한 기업이 될 것이라고 맹세하지 않으셨습니까?" 그러자 하나님은 이스라엘 백성을 멸하지 않기로 하셨어요.

모세는 시내 산을 내려갔어요. 그는 하나님이 직접 하나님의 법을 새기신 두 개의 돌판을 가지고 있었지요. 모세가 진에 다가가자 사람들이 금송아지 앞에서 춤추는 것이 보였어요. 화가 난 그는 손에 있던 돌판들을 산 아래로 던져 깨뜨려 버렸어요. 그리고 그들이 만든 금송아지를 부수어 버렸답니다. 모세가 아론에게 물었어요. "왜 그들을 이 큰 죄에 빠뜨린 것입니까?" 사람들은 통제가 되지 않았어요.

다음 날 모세는 "여러분이 얼마나 큰 죄를 지었는지 아십니까? 이제 저는 여호와께 올라갑니다. 혹시 여러분을 위해 속죄할 수 있을까 해서입니다"라고 말하고는 산으로 올라가 하나님과 이야기를 나누었어요. "하나님, 이 백성이 엄청나게 큰 죄를 지었습니다! 자기들을 위해 금으로 신을 만들었습니다. 그러나 그들의 죄를 용서해 주십시오." 하나님이 말씀하셨어요. "너는 가서 그들을 약속의 땅으로 이끌어라. 그러나 때가 되면 내가 그 죄로 인해 그들에게 벌을 줄 것이다." 하나님은 금송아지를 섬긴 사람들에게 굉장히 무서운 전염병을 보내셨답니다(출 32:35, 우리말성경).

어느 날 하나님이 모세에게 돌판 둘을 새로 만들어 산으로 올라오라고 하셨어요. 하나님은 구름 속에서 말씀하셨어요. "여호와라! 여호와라! 자비롭고 은혜롭고 노하기를 더디 하고 인자와 진실이 많은 하나님이라. … 그러나 벌을 없애 주지는 않을 것이다." 모세는 땅에 엎드려 경배하며 말했어요. "여호와여, 제발 우리와 함께 가 주십시오. 우리의 죄와 잘못을 용서해 주십시오. 우리를 백성으로 삼아 주십시오." 하나님은 모세와 계속해서 만나시며 하나님의 법과 여러 규칙을 말씀하시고 새로운 돌판에 십계명을 새겨 주셨어요.

●● 가스펠 링크

이스라엘 백성은 죄를 지었어요. 모세는 이스라엘 백성을 용서해 달라고 하나님께 기도하며 그들의 *중재자가 되었어요. 그러나 모세는 속죄를 위해서는 아무것도 할 수 없었어요. 우리에게는 더 나은 중재자, 예수님이 계세요. 예수님은 십자가에서 우리의 죄를 사해 주셨고, 우리를 대신해 하나님 앞에 서서 중재자가 되어 주셨어요. 예수님을 믿으면 우리의 죄는 용서받을 수 있어요(히 3:5~6).

*중재자 : 화해시키는 사람

가스펠 준비 10~20분

👑 환영

도착하는 아이들을 반갑게 맞이하고 헌금, 출석, QT 등을 확인하며 격려한다. 새 친구가 있다면 소개한다. 편안한 분위기에서 안부를 물으며 오늘의 말씀과 관련된 화제로 이야기를 나눈다. 핸드폰이나 상장들을 보여 주며 우상에 대해 함께 이야기한다. 자발적으로 대화에 참여하도록 이끈다.

예) "'이것 없으면 안 돼!'라고 생각할 만큼 소중하게 여기는 것은 무엇인가요?", "가장 소중하게 생각하는 것을 잃어버렸거나 고장이 나서 당분간 사용하지 못한다고 생각해 보세요. 어떤 기분이 드나요?" 등.

우리는 가끔 우상을 섬길 때가 있어요. '우상'이란 우리가 하나님보다 더 중요하게 생각하는 어떤 거예요. 하나님이 우리에게 주신 가족, 친구, 또는 특별한 재능과 같은 멋진 선물이 우상이 될 수 있어요. 때로는 핸드폰이나 게임이 우상이 되기도 하지요. 사람은 모두 죄인이기 때문에, 우리는 유일한 진짜 신이신 하나님 대신 다른 것을 사랑하거나 섬기게 되기 쉬워요. 오늘 우리는 하나님이 금송아지를 경배한 이스라엘 백성을 벌하신 이야기에 대해 배울 거예요.

💝 마음 열기

존댓말 가라사대 게임 *

① 술래를 정한 뒤 술래가 "~하세요"라고 존댓말로 명령을 내리면 아이들은 그 명령을 따르고, "~해"라고 반말로 명령하면 따르지 않는다는 규칙을 말해 준다.

예) 술래가 "손뼉을 치세요!"라고 명령을 내리면 모두 손뼉을 친다. 술래가 "손뼉 쳐!"라고 명령을 내리면 손뼉을 치지 않는다.

② 탈락한 아이들은 술래가 정한 벌칙을 받게 한다.

오늘 우리는 이스라엘 백성이 저지른 큰 죄에 대해 배울 거예요. 모세는 이스라엘 백성에게 자신이 시내 산에 가서 하나님과 함께 이야기를 나누는 동안 기다려 달라고 말했지만, 그들은 점점 초조해졌어요. 이스라엘 백성이 하나님께 불순종했을 때 어떤 일이 일어났는지 살펴볼까요?

사랑한다면 웃어 줘 *

① 아이들을 둥글게 앉힌 뒤 술래를 정한다.

② 술래는 원 가운데 서서 "사랑한다면 웃어 줘"라고 말하며 친구들을 웃기려 애써야 한다고 말해 준다.

③ 앉아 있는 친구들은 미소를 짓거나 웃어서는 안 되고 "사랑하지만 웃을 수 없어"라고 말해야 한다. 웃는 친구가 술래가 된다.

하나님께 우리의 사랑을 보여 드릴 수 있는 한 가지 방법은 하나님의 명령에 순종하는 거예요. 우리는 오늘의 성경 이야기에서 이스라엘 백성이 하나님께 불순종한 일에 대해 배울 거예요.

49

가스펠 설교

15~30분

 들어가기

[준비물] 자전거 안장, 핸들 또는 바퀴

자전거 안장, 핸들 또는 바퀴를 들고 지친 모습으로 등장한다.

여러분, 안녕하세요? 저는 지금 중국에 있어요. 중국의 수도 북경 근처에 있는 만리장성으로 가는 길이에요. 여러분은 북경이라는 도시에 서울 인구의 두 배나 되는 2,000만 명의 사람들이 살고 있다는 것을 알고 있나요? 정말 많지요! 그래서 북경에서는 많은 사람이 자전거를 타고 다녀요. 그러니 교통 체증 걱정을 할 필요가 없답니다.

저는 중국 친구에게서 이 자전거를 빌려왔어요. 자전거 안장이나 핸들, 바퀴를 들어 보여 준다. 친구가 매일 사용하는 자전거이기 때문에 정말 조심히 타겠다고 약속도 했지요. 그런데 그만 자전거를 타고 달리고 있을 때 아주 가파른 계단이 나타난 거예요! 그래서 여러분도 보다시피 친구의 자전거가 형편없이 부서졌어요. 친구가 저를 용서해 줄까요? 저를 용서해 주었으면 좋겠어요! 아마 수리하거나 새 자전거를 구입하기 위해 돈을 얼마라도 주어야 할지 모르겠네요. 오늘의 성경 이야기에는 하나님께 죄를 지은 이스라엘 백성이 나와요. 그들은 어떻게 되었을까요? 우리 한번 들어 보아요.

 연대표

이스라엘 백성은
재앙을 피했어요

홍해를
건넜어요

광야에서
시험을 치렀어요

금송아지를
만들었어요

제가 친구에게 저지른 잘못은 오늘의 성경 이야기를 생각나게 해요. 우리는 하나님이 이집트에서 하나님의 백성을 어떻게 인도하셨는지 배웠어요. 1과에서 우리는 이집트의 파라오가 이스라엘 백성을 노예로 만든 일에 대해 배웠어요. 하지만 **하나님**은 계획을 갖고 계셨고, 모세를 통해 **하나님의 백성을 노예 생활에서 구해 주셨어요.**

우리는 모세가 하나님께 순종해 파라오에게 가서 하나님의 백성을 보내라고 말한 일에 대해 배웠어요. 파라오는 하나님께 순종하지 않았고, 하나님은 열 가지 재앙을 이집트에 보내셔서 모든 것을 주관하시는 분이 누구이신지 보여 주셨어요. **하나님은 하나님만 유일한 진짜 신이시라는 것을 이집트 사람들에게 보여 주셨어요.**

지난주에는 하나님이 하나님의 백성을 광야에서부터 약속하신 땅으로 인도하신 일에 대해 배웠어요. 며칠이 지나자 먹을 것과 물이 떨어졌어요. 하나님은 자신이 이스라엘 백성을 돌보실 것에 대해 그들이 믿고 있는지 알기 원하셨어요. 이스라엘 백성은 어떻게 행동했나요? 그들이 시험을 통과했나요? 아니에요. 그들은 하나님께 불평했어요. 그럼에도 불구하고 **하나님**은 하늘에서 만나와 메추라기를 내려 주셨고, 반석에서 물이 나오게 하셔서 **이스라엘 백성의 필요를 채워 주셨어요.**

오늘의 성경 이야기는 "금송아지를 만들었어요"예요.

 성경의 초점

오늘의 성경 이야기로 들어가기 전에 우리가 하나님의 말씀을 들으면서 마음속으로 계속 생각하게 되는 질문이 있지요! 무슨 질문인지 알고 있나요? 맞아요! "**하나님의 계획은 무엇인가요?**"예요. 오늘 말씀을 통해서 질문에 대한 답을 찾아보아요.

 성경 이야기

출애굽기 32장 1~35절, 34장 1~9절을 펴고, 설교 영상(지도자용 팩)을 보여 주거나 이야기 성경을 들려준다.

모세가 시내 산에서 하나님과 함께 있었을 때 산 아래 있던 이스라엘 백성은 초조해졌어요. 모세가 떠난 지 40일이 지났고, 그에게 무슨 일이 일어났는지 아무도 알지 못했거든요. 그들은 모세가 죽었을지도 모른다고 생각했어요. 그래서 사람들은 아론에게 가서 경배할 신을 만들어 달라고 했어요! 우리가 '이스라엘 백성은 바보 같아! 나는 절대 그렇게 하지 않을 거야!'라고 생각하기 전에 우리는 성경이 죄에 대해 무엇이라고 이야기하는지에 대해 살펴보아야 해요. 성경은 우리 모두가 죄인이라고 말해요. 우리는 모두 하나님이 아닌 것을 경배했어요(롬 1:25). 금 고리를 녹여 우상의 모양을 만들지는 않았지만, 정직하게 생각해 보면 우리의 삶에서 하나님보다 중요한 것들이 있을 수 있어요.

하나님은 금송아지를 섬긴 이스라엘 백성을 벌하셨어요. 죄의 벌은 죽음이지만 모세는 하나님께 그들의 죄를 용서해 달라고 구했어요. 모세는 그들의 중재자로 하나님 앞에 섰지요. 중재자란 둘 사이를 화해시키는 사람을 말해요. 모세는 그들의 죄를 속죄해 줄 수 없었지만 우리에게는 더 나은 중재자가 계세요. 바로 예수님이시지요. 예수님은 십자가에서 우리의 죄를 사해 주셨고, 우리를 대신해 하나님 앞에 서 주셨어요. 그래서 예수님을 믿으면 우리의 죄는 모두 용서받을 수 있어요. 이것이 바로 좋은 소식, 복음이랍니다.

복 / 습 / 질 / 문

1 모세는 시내 산 위에서 얼마나 오랫동안 하나님과 이야기했나요?

40일 밤낮 (출 34:28)

2 모세가 산 위에 있는 동안 이스라엘 백성은 무엇을 만들었나요?

경배할 금송아지 (출 32:1~5)

3 하나님은 그들의 죄를 보시고 어떻게 반응하셨나요?

하나님은 진노하셔서 그들을 진멸하겠다고 말씀하셨다 (출 32:7~10)

4 모세는 하나님께 이스라엘 백성을 어떻게 해 달라고 구했나요?

이스라엘 백성의 죄를 사해 달라고 구했다 (출 32:30~34)

5 하나님은 이스라엘 백성의 죄를 어떻게 벌하셨나요?

사람들에게 전염병을 보내서서 그들을 치셨다 (출 32:35, 우리말성경 참조)

6 하나님의 계획은 무엇인가요?

하나님의 계획은 하나님의 백성을 노예 생활에서 구하시는 거예요.

7 모세보다 더 위대한 중재자는 누구이신가요?

예수님, 예수님은 십자가에서 우리의 죄를 사해 주셨고, 우리를 대신해 하나님 앞에 서 주셨다 (히 9:15)

복음 초청

성경과 21쪽 복음 초청 가이드를 이용해서 아이들에게 그리스도인이 되는 법을 설명해 준다. 따로 상담해 줄 사람을 정해 주고 궁금한 점이 있으면 물어보도록 격려한다.

이 시간 예수님을 마음에 모시고 싶은 친구는 함께 기도해요.

기도

하나님, 예수님을 보내서서 우리의 죄를 용서해 주시고, 우리를 대신해 하나님 앞에 서게 해 주셔서 감사합니다. 우리가 하나님을 사랑하는 마음으로 하나님의 길을 갈 수 있도록 도와주세요. 예수님의 이름으로 기도합니다. 아멘.

적용

여러분은 가짜가 좋아요, 진짜가 좋아요? 다음 영상을 함께 보아요.

적용 예화 영상(지도자용 팩)을 보여 준다.

가짜는 진짜가 될 수 없어요. 이스라엘 백성이 그렇게나 빨리 금송아지를 만들어 절한 것은 말도 안 되는 것 같지요? 성경은 영웅들에 관한 이야기가 아니랍니다. 성경은 죄인들에 대한 이야기예요. 죄인에게는 구세주가 필요하답니다. 이스라엘 백성은 우리와 똑같이 죄를 짓는 사람들이었어요. '우상'이란 우리가 하나님보다 더 중요하게 생각하는 어떤 것이라는 사실을 기억하세요. 이제 자신에게 우상이 되었던 것들을 하나님께 고백하고 하나님만을 섬기도록 해요.

가스펠 소그룹

 나침반

차례차례 맞추기

[준비물] 1단원 암송(107쪽), 암송 구절 단어 카드 2세트

① 두 팀으로 나누어 팀끼리 둥글게 앉힌다.

② 1단원 암송을 잘 보이는 곳에 두고, 여러 번 따라 읽게 한다.

③ 팀별로 카드 한 세트를 나누어 준 뒤 술래를 정하고, 술래에게 한 명당 한 장씩 카드를 나누어 주게 한다.

④ 모두 일어서게 한 뒤, 암송 구절 순서에 맞추어 해당 카드를 가진 아이가 단어를 큰 소리로 읽고 자리에 앉게 한다.

⑤ 끝까지 읽으면 술래가 카드를 걷어 다시 나누어 준 뒤 한 번 더 반복한다.

⑥ 암송 구절에 맞추어 차례대로 먼저 앉은 팀이 승리한다.

　　　오늘의 성경 이야기에서 모세는 이스라엘 백성이 지은 죄를 용서해 달라고 하나님께 구했어요. 모세는 이스라엘 백성을 대신해서 하나님께 말씀드렸지만, 그가 이스라엘 백성의 잘못에 대해 할 수 있는 일은 아무것도 없었어요. 모세도 죄인이었거든요. 우리에게는 더 위대한 중재자가 계세요. 바로 예수님이시지요. 예수님은 십자가에서 우리의 죄를 사해 주셨고, 우리를 대신해 하나님 앞에 서 주셨어요. 이것은 예수님만이 하실 수 있어요! 예수님을 믿으면 우리의 죄는 용서받고, 우리는 하나님과 영원히 거할 수 있어요.

 보물 지도

꼭꼭 찾아라! 하나님만 보인다!

[준비물] 학생용 교재 30쪽, 연필

① 출애굽기 34장 1~9절을 큰 소리로 읽고 하나님에 대한 설명이 나오는 6~7절에 밑줄을 긋게 한다.

② **보기**에서 하나님에 대해 바르게 설명한 것들을 찾아 ○표 하게 한다.

③ 삶 속에서 말씀에서 찾은 성품을 지니신 하나님을 만난 적이 있는지 서로 이야기를 나누어 보게 한다.

　　　하나님은 모세가 하나님이 누구이신지에 관한 중요한 사실을 알기 바라셨어요. 하나님은 자신을 여호와라고 말씀하셨고, 자비롭고 은혜롭고 노하기를 더디 하고 인자와 진실이 많은 하나님이라고 말씀하셨어요. 하나님은 용서하시는 분이지만, 죄를 벌하시는 하나님이기도 해요. 하나님이 죄를 벌하지 않으신다면 하나님은 거룩하지 못한 분이 되시거든요.

 보기

여호와이시다　미움이 가득하시다　자비로우시다

은혜로우시다　거짓을 말씀하신다　노하기를 더디 하신다

포악하시다　인자와 진실이 많으시다　인내심이 없으시다

무자비하시다

 **탐험하기**

금송아지를 찾아라!

[준비물] 학생용 교재 31쪽, 연필

① 그림 속에 숨은 금송아지 10개를 찾아 ○표 하게 한다.

② 아이들의 눈을 감게 하고 각자의 마음속에 금송아지와 같은 우상이 있는지 살펴보게 한 뒤, 함께 기도하며 마무리한다.

이스라엘 백성은 자신의 손으로 만든 금송아지를 경배했어요. 모세는 이스라엘 백성의 죄를 용서해 달라고 하나님께 기도했지요. 하나님은 그들을 멸망시키지는 않으셨지만 죄에 대해서는 전염병을 보내심으로 그 값을 치르게 하셨어요. 예수님은 십자가에서 죽으시고 부활하셔서 예수님을 믿는 사람은 누구나 죄를 용서받고 예수님과 함께 영원히 살 수 있게 하셨어요.

금을 지켜라! *

[준비물] 가짜 금화나 보석, 컬러 박스 테이프

① 가짜 금화나 보석을 예배실 한쪽에 놓고, 그 앞에 컬러 박스 테이프로 경계선을 만들되, 세로로 길게 붙여 표시한다.

② 술래를 두 명 뽑아 경계선 안쪽에 세운다. 술래에게 아이들이 금송아지를 만들기 위해 금을 가져가지 못하도록 지키라고 말해 준다.

③ 술래가 금을 가져가려는 아이를 터치하면 그 아이는 자리로 돌아가서 앉아야 한다.

④ 정해진 시간 동안 금을 지켜 내면 게임이 끝난다.

모세가 산 위에 있을 때 이스라엘 백성은 금을 모아 자신들이 경배할 금송아지를 만들었어요. 아론은 금을 녹여서 송아지 모양을 만들었어요. 그들은 하나님께 죄를 지었지요! 하나님은 금송아지를 섬긴 이스라엘 백성을 벌하셨어요. 우리는 우상의 모양에 절하지는 않지만 이스라엘 백성보다 나을 것이 없어요. 우리도 죄인이거든요! 성경은 모든 사람이 죄를 지었고, 모든 사람이 구세주를 필요로 한다고 말해요. 하나님은 아들이신 예수님을 보내셔서 우리를 죄와 죽음으로부터 구원하셨어요.

하나님만 섬겨요! *

[준비물] 빨간 하트를 그린 종이, 사인펜

① 아이들에게 빨간 하트를 그린 종이 한 장씩을 나누어 준다.

② 하트 중심에 '여호와' 또는 '하나님'이라고 쓰게 한다.

③ 하트 바깥쪽에 하나님보다 더 사랑하고 싶은 유혹을 느끼게 하는 우상을 그리고 친구들과 서로 이야기를 나누어 보게 한다.

④ 하나님을 마음의 중심에 둘 수 있도록 서로를 위해 기도하는 시간을 갖는다.

TIP 예수님을 구주로 영접하지 않은 아이가 있는지 주의를 기울인다. 죄에서 돌이

켜 예수님께 돌아오기 전까지는 하나님을 가장 중요하게 생각하는 일이 쉽지 않을 수 있다. 예수님을 영접하지 못한 아이들이 예수님을 구주로 받아들일 필요를 느낄 수 있게 해 달라고 조용히 기도한다.

보물 상자

나만의 기록장

[준비물] 학생용 교재 32쪽, 연필이나 색연필

① 금송아지 이야기에서 알게 된 하나님은 어떤 분이신지 그림이나 글로 표현해 보게 한다.

② 출애굽기 34장 6절 말씀에 나타난 하나님의 모습(여호와이시고 자비롭고 은혜롭고 노하기를 더디 하시며 인자와 진실이 많은 분)과 얼마나 같은지, 또는 얼마나 다른지 비교해 보게 한다.

이스라엘 백성이 금송아지를 경배했을 때 하나님이 놀라셨을 것이라고 생각하나요? 아니에요, 하나님은 그들이 하나님에 대해 죄를 지을 것을 아셨어요. 하나님은 모세에게 누구든지 하나님께 죄를 지으면 그 이름을 하나님의 책에서 지워 버릴 것이라고 말씀하셨어요. 그런데 이 말씀에 대해 성경이 뭐라고 이야기하는지 알고 있나요? 성경은 우리가 예수님을 믿으면 우리의 이름이 생명책에 기록된다고 말해요. 하나님은 우리를 보실 때 우리의 죄 된 모습이 아니라 용서받은 모습을 보신답니다!

메시지 카드

이번 주 메시지 카드로 부모님과 함께 오늘 배운 성경 이야기를 나누어 보라고 한다.

기도

예수님을 보내셔서 우리의 죄를 용서해 주시고, 하나님 앞에 죄를 내려놓을 때마다 용서해 주시는 하나님, 감사합니다. 우리 반 친구들이 모든 죄에서 우리를 구원하신 예수님을 마음에 모시고, 예수님이 주인 되신 삶을 살 수 있도록 도와주세요. 예수님의 이름으로 기도합니다. 아멘.

2 ^{단원} 거룩하신 하나님

구원받은 이스라엘 백성은 약속의 땅으로 향했습니다. 하나님은 이스라엘 백성이 따라야 할 율법을 주셔서 어떻게 살아야 할지를 알려 주시고, 하나님의 거룩하심을 이해할 수 있도록 도우셨습니다. 또한 하나님은 제사를 위한 규칙을 알려 주셨습니다. 하나님의 율법은 이스라엘 백성에게 율법을 완전하게 지킬 수 있는 자는 아무도 없다는 것과 의로워지는 유일한 길은 예수 그리스도를 믿는 믿음을 통해서라는 것을 알려 주었습니다.

십계명
"하나님을
사랑하라"

십계명
"이웃을
사랑하라"

성막을
지었어요

The Gospel Project

하나님이
제사의 규칙을
정해 주셨어요

하나님의
언약을
기억해요

오직
하나님만
예배해요

카운트다운 – 로봇

카운트다운 영상(지도자용 팩)을 틀고 예배 준비 자세를 취하도록 격려한다. 예배가 시작되는 시간에 영상이 끝나도록 맞추어 놓는다. 익숙해질 때까지 중간에 남은 시간을 알리는 것도 좋다.
예) "1분 전입니다", "30초 전입니다. 마음을 가다듬고 기도하며 하나님께 나아갑시다" 등.

무대 배경 – 아지트

나무 위 아지트의 내부처럼 꾸민다. 캠핑 의자와 손전등, 포스터, 망원경, 그리고 세 가지의 규칙을 적은 화이트보드를 준비한다. 화면에 아지트 배경 이미지(지도자용 팩)를 띄운다.

6

십계명
"하나님을 사랑하라"

출 19:1~20:11, 31:18

본문 속으로

하나님은 이스라엘 백성을 이집트의 노예 생활에서 구하셨습니다. 그리고 그들을 시내 산으로 향하는 광야로 인도하셨습니다. 이스라엘 백성은 산 아래 장막을 쳤고, 모세는 하나님과 만나기 위해 산 위에 올라갔습니다. 하나님은 모세에게 이스라엘 백성이 순종해야할 율법을 전해 주셨습니다. 그러면서 하나님은 아브라함, 이삭, 야곱, 그리고 모든 이스라엘과 맺은 언약을 새롭게 하셨습니다. 이스라엘은 하나님의 백성이 되고, 하나님은 그들의 하나님이 되셨습니다(출 19:5~6).

하나님은 이스라엘 백성의 완전한 순종을 원하셨습니다. 하나님의 율법은 그들의 삶의 모든 부분을 다루었고, 십계명으로 요약되었습니다. 하나님은 율법을 단지 지키기 위한 목적으로 주지 않으셨습니다. 하나님의 율법에는 목적이 있었습니다. 율법은 사람들에게 그리스도께서 그분의 왕국을 세우시면 어떠한 삶을 살게 될 것인지를 보여 주었습니다. 율법은 사람들이 얼마나 의롭게 살아야 하는지, 그리고 하나님과 이웃과 어떻게 소통해야 하는지를 알려 주었습니다.

십계명은 두 개의 범주로 나뉩니다. 전반부의 네 계명은 하나님과 사람의 관계를 다루고, 후반부 여섯 계명은 이웃과의 관계를 다룹니다. 단 열 개뿐이니 그 법을 지키기란 수월할 것만 같습니다. 그렇지만 이스라엘 백성은 그들이 단지 하나의 율법조차도 지킬 수 없다는 것을 증명했습니다. 그들의 마음은 죄로 가득 차 있었기 때문입니다.

모세는 이스라엘 백성의 중재자가 되어 이스라엘 백성의 죄를 사해 달라고 하나님께 구했습니다. 모세는 훌륭한 중재자였지만 완전하지는 못했습니다. 이스라엘 백성은 율법을 완전히 지키고, 하나님과 이스라엘 백성 사이를 중재해 줄 수 있으며, 그들을 향한 하나님의 분노를 감당할 수 있는 누군가를 필요로 했습니다. 그분은 바로 예수님이십니다(딤전 2:5).

●● 티칭 포인트

아이들도 죄 된 마음을 가지고 있습니다. 우리 모두는 하나님께 완전히 순종하지 못하며, 따라서 구세주가 필요하다는 사실을 알려 주십시오. 아이들에게 예수님을 소개하고, 예수님은 죄가 없으신 분이라고 말해 주십시오. 예수님 때문에 우리가 하나님과 올바른 관계를 맺을 수 있게 되었다는 사실도 가르쳐 주십시오.

주제

하나님은 우리에게 규칙을 주셔서 하나님은 거룩하시고, 우리는 죄인이라는 것을 알게 하셨어요.

가스펠 링크

죄는 우리를 하나님으로부터 갈라놓았어요. 하지만 의로우신 예수님은 우리의 죄를 없애 주시고 우리를 다시 하나님께로 인도하셔서 예수님을 믿는 모든 사람을 하나님의 가족이 되게 하세요.

✝

십계명 "하나님을 사랑하라" 출 19:1~20:11, 31:18

이스라엘 백성은 이집트를 떠난 지 3개월이 지난 뒤 시내 산에 도착했어요. 그들은 산 앞에 장막을 쳤어요. 하나님은 이스라엘 백성을 하나님의 특별한 백성으로 만들려는 계획을 갖고 계셨지요. 그래서 이스라엘 백성과 언약을 맺기 원하셨어요.

모세는 시내 산으로 올라갔어요. 하나님이 모세를 불러 말씀하셨어요. "너는 이스라엘 자손에게 이렇게 말하라. '너희는 내가 이집트 사람들에게 행한 일을 직접 보았고 독수리 날개로 업어 내게로 데려온 것을 보았다. 그러므로 이제 너희가 내게 완전히 순종하고 내 언약을 지키면 너희는 모든 민족 중에서 제사장 나라가 되며, 거룩한 내 백성이 될 것이다.'" 모세가 사람들에게 돌아가 하나님의 말씀을 전하자 모두 동의했어요. 그들은 다 함께 응답했어요. "여호와께서 말씀하신 대로 다 행하겠습니다."

모세는 하나님께로 돌아가서 백성의 말을 전해 드렸어요. 그러자 하나님은 "내가 빽빽한 구름 가운데서 네게 내려갈 것이다. 이는 이 백성이 내가 너와 말하는 것을 듣고 너를 영원히 믿게 하려는 것이다"라고 말씀하셨어요. 모세는 이스라엘 백성에게 하나님이 하신 말씀을 전했어요. 그리고 이스라엘 백성이 하나님의 임재를 기다리며 준비하게 했지요. 하나님은 백성들 주위에 경계선을 만들어서 아무도 산에 가까이 오지 못하게 하셨어요.

셋째 날 아침에 천둥, 번개가 치고 빽빽한 구름이 산 위를 덮은 가운데 우렁찬 나팔 소리가 울려 퍼졌어요. 장막에 있던 모든 백성이 벌벌 떨었지요. 모세는 하나님을 만나기 위해 백성을 진 밖으로 데리고 나와서 산기슭에 세웠어요. 시내 산은 온통 연기로 뒤덮였고, 하나님이 불 가운데서 그곳에 임하셨어요. 그리고 연기가 화로 연기처럼 위로 치솟고, 산 전체가 크게 흔들리며, 나팔 소리가 점점 크게 들렸어요. 하나님은 백성이 여호와를 보러 산에 올라오지 못하도록 경고하셨어요.

하나님은 "나는 노예 생활 하던 너를 이집트에서 인도해 낸 너의 하나님 여호와다"라고 말씀하시면서 모세에게 십계명을 주셨어요. 제1계명부터 제4계명까지 처음 네 계명들은 이스라엘 백성에게 하나님과 바른 관계를 맺는 방법에 대해 알려 주었어요. "너는 나 외에는 다른 신들을 네게 두지 말라", "너를 위하여 새긴 우상을 만들지 말고 … 섬기지 말라", "너는 네 하나님 여호와의 이름을 망령되게 부르지 말라", "안식일을 기억하여 거룩하게 지키라."

하나님은 시내 산에서 모세에게 말씀을 다 하신 뒤 십계명이 적힌 돌판을 주셨어요. 이것은 하나님이 친히 손가락으로 새기신 것이랍니다(출31:18, 우리말성경).

●● 가스펠 링크

하나님은 거룩하시고, 죄에서 구별된 분이세요. 하나님의 법은 우리에게 하나님이 요구하시는 것이 무엇인지 보여 주어요. 그것은 완전한 의로움이에요. 죄는 우리를 하나님으로부터 갈라놓았어요. 하지만 의로우신 예수님은 우리의 죄를 없애 주시고 우리를 다시 하나님께로 인도하셔서 예수님을 믿는 모든 사람을 하나님의 가족이 되게 하세요.

가스펠 준비 10~20분

👑 환영

도착하는 아이들을 반갑게 맞이하고 헌금, 출석, QT 등을 확인하며 격려한다. 새 친구가 있다면 소개한다. 아이들에게 집이나 학교, 교회, 또는 방과 후 활동 장소에서 지켜야 하는 규칙이 있는지, 그리고 그 규칙을 지켜야 하는 이유를 물은 뒤 이야기를 나눈다. 자발적으로 대화에 참여하도록 이끈다.

예) "규칙을 지켜야 하는 이유를 알면 규칙을 지키는 것이 더 쉬워지나요?" 등.

＿＿＿＿＿ 부모님이나 선생님들이 여러분에게 순종해야 할 규칙을 주시는 것처럼, **하나님은 우리에게 규칙을 주셔서 하나님은 거룩하시고, 우리는 죄인이라는 것을 알게 하셨어요.** 오늘 우리는 하나님이 우리에게 주신 몇 가지 규칙에 대해 배울 거예요.

마음 열기

대장의 명령 *

① 아이들을 예배실 한쪽에 좌우로 길게 세운다. 인도자는 아이들을 마주 보고 멀리 떨어져 서 있다.

② 맨 오른쪽에 서 있는 아이부터 차례로 어떤 종류의 걸음으로, 몇 걸음을 걸을지 자신이 정해 인도자에게 허락을 받으라고 말한다.

예) "토끼뜀으로 크게 세 걸음 걸어도 될까요?" 등.

③ 인도자는 "예" 또는 "아니오"로 대답하고, 인도자가 허락한 경우에만 움직이게 한다.

④ 인도자에게 먼저 도착한 아이가 이긴다.

⑤ 인도자의 명령을 따를 때 어떤 기분이 들었는지 이야기를 나누어 본다.

＿＿＿＿＿ 여러분은 누군가의 명령을 따르는 것을 좋아하나요? 가끔씩은 따르기 싫고 어려운 규칙도 있지요? 하지만 하나님의 명령은 사람의 명령과 달라요. 우리는 하나님의 명령을 따라야 할지 고민할 필요가 없어요. 왜냐하면 하나님이 우리에게 주시는 명령은 하나님께 영광을 돌리는 것이고, 우리에게 좋은 것이기 때문이에요. **하나님은 우리에게 규칙을 주셔서 하나님은 거룩하시고, 우리는 죄인이라는 것을 알게 하셨어요.**

나는 △△인 사람을 사랑해 *

[준비물] 의자(인원수보다 한 개 적게)

① 앉는 부분이 가운데를 향하도록 의자를 둥글게 배치한다.

② 아이들을 의자에 앉히고, 술래를 정해서 원 가운데 세운다.

③ 술래에게 "내 이름은 ○○○야. 나는 △△인 사람을 사랑해"라고 말하라고 설명한다. 아이들의 옷차림이나 생김새 중 선택해서 말하면 된다.

예) "나는 안경을 낀 사람을 사랑해", "나는 청바지를 입은 사람을 사랑해" 등.

④ 술래가 말한 특징에 해당되는 아이들은 모두 자리에서 일어나 다른 빈자리에 앉아야 한다. 이때 술래도 재빨리 빈자리를 찾아 앉는다.

⑤ 자리에 앉지 못한 아이는 술래가 되고 게임을 계속한다.

＿＿＿＿＿ 십계명 중 제1계명은 세상의 그 무엇보다, 그 누구보다 하나님을 더 사랑하라는 계명이에요. 오늘은 십계명에 대해 배울 거예요.

가스펠 설교 15~30분

들어가기

[준비물] 돋보기

돋보기를 들고 두리번거리며 등장한다.

여러분, 안녕하세요! 아이고, 다리가 너무 아프네요. 이 근처를 뱅글뱅글 열 바퀴째 돌고 있어요. 무엇을 찾고 있냐고요? 우리 아빠가 저의 열 번째 생일 선물로 나만의 아지트, 통나무집을 만들어 주셨어요. 그런데 문에 자물쇠를 채우고 돌아오는 길에 열쇠를 가지고 놀다가 잃어버린 거예요. 아빠가 주의를 주셨을 때 말씀을 들었어야 했는데…. 다 제 잘못이에요. 시무룩한 표정으로 주저앉았다가 다시 일어서며 아이들 앞으로 다가선다. 아! 맞아요. 저쪽 커다란 솔방울이 달린 소나무 근처에서 놀았던 것 같아요. 저기 키 큰 소나무 보이지요? 빨리 저쪽으로 가야겠어요. 절대 엉뚱한 것을 따라가면 안 돼요.

연대표

제가 저지른 잘못을 생각해 보니 오늘의 성경 이야기가 생각나네요. 우리는 **하나님이 하나님의 백성**을 이집트의 **노예 생활에서 구하셔서** 약속의 땅으로 이끄실 것이라고 배웠어요. 《하나님의 구출 계획》성경 이야기에서 제일 처음 배웠던 사건이 무엇인지 기억하나요? 맞아요! **하나님**은 모세를 통해 **하나님의 백성을 노예 생활에서 구하셨어요.**

여러분은 하나님이 이집트에 재앙을 내리실 때 무엇을 보여 주셨는지 기억하나요? **하나님은 하나님만 유일한 진짜 신이시라는 것을 이집트 사람들에게 보여 주셨어요.** 이스라엘 백성이 이집트를 떠난 후 앞에는 홍해가 펼쳐져 있고 뒤에는 이집트의 군대가 쫓아오고 있었어요. **전능하신 하나님은 홍해를 갈라 이스라엘 백성이 마른 땅을 건너게 하셨어요.** 그 후에 이스라엘 백성이 광야를 헤맨 이야기에서는 무엇을 배웠나요? 맞아요! **하나님**은 하늘에서 음식을 내려 주시고 반석에서 물이 나오게 하심으로 **이스라엘 백성의 필요를 채워 주셨어요!**

지난주에 배운 성경 이야기를 기억하는 친구 있나요? 우리는 **하나님이 금송아지를 섬긴 이스라엘 백성을 벌하신 일**에 대해 배웠어요. 오늘은 하나님이 시내 산에서 모세에게 주신 규칙에 대해 배울 거예요. 우리는 이 규칙을 '십계명'이라고 불러요.

모세를 부르셨어요	이스라엘 백성은 재앙을 피했어요
홍해를 건넜어요	광야에서 시험을 치렀어요
금송아지를 만들었어요	십계명 "하나님을 사랑하라"

💡 성경의 초점

이제부터 몇 주간 우리가 공부할 2단원의 '성경의 초점'을 소개할게요. **"누가 하나님의 법을 완전하게 지킬 수 있나요?"** 이 세상의 누구도 하나님의 법을 완전하게 지킬 수 없어요. 오직 예수님만 그렇게 하셨지요. 따라 해 볼까요? **누가 하나님의 법을 완전하게 지킬 수 있나요? 예수님 외에는 아무도 없어요.**

하나님은 하나님의 백성을 노예 생활에서 구하셨어요. 거룩하신 하나님은 그들이 거룩한 하나님의 백성이 되기를 원하셨지요. 하지만 이 세상 누구도 하나님의 법을 완전하게 지키지 못할 것도 알고 계셨어요. 하나님은 하나님의 백성을 죄에서 구원하시려고 아들이신 예수님을 보내셨어요. 오늘도 말씀 속에서 하나님의 멋진 계획을 찾아보아요.

성경 이야기

출애굽기 19장 1절~20장 11절, 31장 18절을 펴고, 설교 영상(지도자용 팩)을 보여 주거나 이야기 성경을 들려준다.

지난주에 우리는 하나님은 자비롭고, 은혜롭고, 노하기를 더디 하신다는 것을 배웠어요. 생각나나요? 하나님은 거룩하신 분이에요. 하나님은 항상 옳은 일을 행하시고 죄로부터 완전히 구별된 분이세요. 하나님은 죄를 벌하셔야만 해요. 하나님의 임재가 시내 산의 연기, 불, 그리고 빽빽한 구름 가운데서 나타났을 때 하나님은 모세에게 이스라엘 백성이 하나님의 말씀을 들을 준비를 하게 하라고 말씀하셨어요. 그러나 사람들은 하나님의 임재를 보고 두려움에 떨었어요! 모세는 시내 산으로 올라가 하나님의 계명을 받았어요. 처음 네 계명인 제1계명부터 제4계명까지는 하나님이 얼마나 거룩하신 분인지를 보여 주어요. **하나님은 우리에게 규칙을 주셔서 하나님은 거룩하시고, 우리는 죄인이라는 것을 알게 하셨어요.**

하나님의 법은 우리에게 하나님이 요구하시는 것이 무엇인지 보여 주어요. 그것은 완전한 의로움이에요. 죄는 우리를 하나님으로부터 갈라놓았어요. 하지만 의로우신 예수님은 우리의 죄를 없애 주시고 우리를 다시 하나님께로 인도하셔서 예수님을 믿는 모든 사람을 하나님의 가족이 되게 하세요.

복 / 습 / 질 / 문

1 하나님은 시내 산 앞에서 이스라엘 백성에게 어떻게 임하셨나요?

빽빽한 구름 가운데서 임하셨다 (출 19:9)

2 처음 네 계명은 무엇인가요?

너는 나 외에는 다른 신들을 네게 두지 말라 / 너를 위하여 새긴 우상을 만들지 말고 … 섬기지 말라 / 너는 네 하나님 여호와의 이름을 망령되게 부르지 말라 / 안식일을 기억하여 거룩하게 지키라 (출 20:1~8)

3 누가 하나님의 법을 완전하게 지킬 수 있나요?

예수님 외에는 아무도 없어요.

4 죄는 우리를 하나님으로부터 갈라놓아요. 그러나 우리를 하나님께로 다시 인도하시는 분이 계세요. 누구이실까요?

예수님 (벧전 3:18)

 ## 복음 초청

성경과 21쪽 복음 초청 가이드를 이용해서 아이들에게 그리스도인이 되는 법을 설명해 준다. 따로 상담해 줄 사람을 정해 주고 궁금한 점이 있으면 물어보도록 격려한다.

이 시간 예수님을 마음에 모시고 싶은 친구는 함께 기도해요.

 ## 기도

하나님, 하나님의 영광을 위해서, 그리고 우리를 사랑하셔서 십계명을 주셨음을 믿습니다. 십계명으로 인해 하나님은 거룩하시고, 우리는 죄인이라는 것을 깨달았습니다. 예수님을 보내 주셔서 우리를 죄에서 구원해 주셔서 감사합니다. 예수님의 이름으로 기도합니다. 아멘.

적용

여러분은 맛없는 음식을 먹어야만 했을 때가 있었나요?

적용 예화 영상(지도자용 팩)을 보여 준다.

맛없는 음식을 맛있는 음식과 섞어 먹었더니 어떻게 되었나요? 맛없는 음식이 맛있는 음식마저 못 먹게 만들어 버렸지요! 우리가 좋은 행동을 아주 많이 한다고 해서 우리의 죄를 사라지게 할 수 있을까요? 성경은 우리가 아무리 노력해도 죄를 사라지게 할 수 없다고 말해요(사 64:6). 우리는 우리의 죄에 대해서 할 수 있는 일이 아무것도 없어요. 하지만 감사하게도 예수님은 우리를 위해 우리의 죄를 사라지게 하실 수 있답니다!

가스펠 소그룹

 10~20분

 나침반

말씀 손동작 만들기

"나는 너희의 하나님이 되려고 너희를 애굽 땅에서 인도하여 낸 여호와라 내가 거룩하니 너희도 거룩할지어다"(레 11:45).

[준비물] 2단원 암송(108쪽)

① 아이들과 함께 2단원 암송을 보고 읽으며 말씀을 익힌다.

② 암송 구절 단어들에 어울리는 손동작을 함께 만들어 본다.

③ 앞으로 몇 주 동안 계속 연습하자고 말한다.

　　　하나님은 이스라엘 백성을 구해 약속의 땅으로 이끄시는 놀라운 계획을 갖고 계셨어요. 하나님은 죄의 노예가 된 우리도 구원하실 놀라운 계획을 세우셨어요. 죄와 완전히 구별되는 거룩하신 하나님은 우리가 거룩한 백성으로 살아가기를 바라세요. 하나님께 언제나 완전히 순종하시는 예수님, 우리의 구세주 되신 예수님을 믿으면 우리는 죄의 노예에서 풀려나 거룩한 하나님의 백성으로 살아갈 수 있어요.

 보물 지도

십계명을 기억해요

[준비물] 학생용 교재 36쪽, 연필, 십계명(학생용 교재 72쪽), 성경

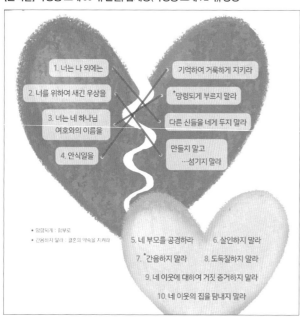

1. 너는 나 외에는
2. 너를 위하여 새긴 우상을
3. 너는 네 하나님 여호와의 이름을
4. 안식일을

기억하여 거룩하게 지키라
*망령되게 부르지 말라
다른 신들을 네게 두지 말라
만들지 말고 …섬기지 말라

* 망령되게 : 함부로
* 간음하지 말라 : 결혼의 약속을 지키라

5. 네 부모를 공경하라　6. 살인하지 말라
7. 간음하지 말라　8. 도둑질하지 말라
9. 네 이웃에 대하여 거짓 증거하지 말라
10. 네 이웃의 집을 탐내지 말라

① 출애굽기 20장 1~17절을 펴서 함께 읽는다.

② 선 긋기로 계명을 완성하게 하고 여러 번 반복해서 함께 읽는다.

TIP 십계명을 잘 모르는 아이가 있다면 학생용 교재 72쪽의 십계명을 보여 주고 짝을 찾게 한다.

③ 어려운 단어나 계명의 의미를 설명한다.

　　　십계명이 어떤 모양에 담겨 있나요? 왜 하트 안에 십계명을 적었을까요? 오늘 배운 계명들을 한마디로 정리하면 "하나님을 사랑하라"라는 말로 대신할 수 있어요. 여러분은 왜 하나님이 "너는 나 외에는 다른 신들을 네게 두지 말라"라는 규칙을 제1계명으로 쓰셨다고 생각하나요? 하나님은 이 계명을 먼저 쓰셔서 우리가 무엇이 가장 중요한지 알기를 원하셨어요. 하나님을 사랑하고 경배하며, 하나님을 가장 중요한 분이자 우리 삶의 보물로 여기는 것보다 더 중요한 것은 없어요. 하나님은 거룩하시고, 죄로부터 구별된 분이세요. 하나님의 법은 우리에게 하나님이 요구하시는 것이 무엇인지 보여 주어요. 그것은 완전한 의로움이에요. 죄는 우리를 하나님으로부터 갈라놓았어요. 하지만 예수님은 우리의 죄를 없애 주시고 우리를 다시 하나님께로 인도하셔서 예수님을 믿는 모든 사람을 하나님의 가족이 되게 하세요.

하나 되게 하신 예수님 *

[준비물] 색종이, 가위, 빨간색 필기도구

① 색종이를 한 장씩 나누어 주고, 크게 하트 모양으로 자르게 한다.

② 십계명을 하나씩 읽어 주며 그 계명을 모두 지킬 수 없음을 말하고, 하트를 반으로 접은 선의 중간 지점까지 지그재그 모양으로 조금씩 자르라고 한다.

　예) "하나님은 나 외에는 다른 신들을 두지 말라고 하셨어요. 그런데 우리는 자꾸 그 계명을 어겨요. 싹둑", "하나님은 우상을 만들지 말고 … 섬기지 말라고 하셨어요. 그런데 우리는 하나님보다 다른 것을 더 좋아할 때가 많아요. 싹둑", "하나님은 여호와의 이름을 망령되게 부르지 말라고 하셨고, 안식일을 기억하여 거룩하게 지키라고 하셨지만 우리는 규칙을 지키지 못할 때가 많아요. 싹둑" 등.

③ 하나님의 명령을 지키지 못하는 죄인인 나를 하나님의 가족이 되게 하시는 분이 누구이신지 질문하고 답을 들어 본다.

④ 죄를 없애 주신 예수님의 십자가를 깨진 하트 위에 그리게 한다.

탐험하기

뒤범벅 글자, 차렷!

[준비물] 학생용 교재 37쪽, 연필

하 나 님 은 우 리 에게 규 칙 을 주셔서
하 나 님 은 거 룩 하시고,
우 리 는 죄 인 이라는 것을 알게 하셨어요.

① 뒤범벅된 글자를 바로잡아 빈칸에 적어 주제 문장을 완성하게 한다.

② 둘씩 짝을 지어 서로의 짝에게 완성된 문장을 읽어 주게 한다.

하나님은 우리에게 규칙을 주셔서 하나님은 거룩하시고, 우리는 죄인이라는 것을 알게 하셨어요. 성경은 모든 사람이 죄인이라고 말해요. 우리는 스스로의 노력으로는 선하게 될 수 없고, 우리의 죄를 사라지게 할 수도 없어요. 하나님은 우리가 하나님의 법을 완전하게 지킬 수 없다는 것을 아시고 예수님을 이 땅에 보내 주셨어요. 예수님을 믿으면 우리의 죄는 용서받을 수 있어요.

나만의 십계명 돌판 *

[준비물] 작고 부드럽고 납작한 돌, 다양한 컬러의 유성 사인펜

① 작은 돌을 아이들에게 나누어 준 뒤 컬러 유성 사인펜으로 나만의 십계명 돌판을 꾸며 보게 한다.

② 돌을 집에 가져가서 매일 볼 수 있는 곳에 놓아 두게 한다.

하나님은 우리에게 규칙을 주셔서 하나님은 거룩하시고, 우리는 죄인이라는 것을 알게 하셨어요. 하나님은 그 규칙을 두 개의 돌판에 쓰셨어요. 십계명 돌판을 여러분이 매일 볼 수 있는 곳에 두고, 볼 때마다 하나님이 우리에게 주신 십계명을 기억하세요. 그리고 그때마다 하나님이 우리를 사랑하신다는 것과 우리를 위해 하나님이 행하신 모든 일을 기억해 보세요. 매일 기억하다 보면 하나님이 우리를 사랑하신다는 것을 더 많이 깨닫게 되고, 하나님께 더 잘 순종할 수 있게 될 거예요.

 # 보물 상자

나만의 기록장

[준비물] 학생용 교재 38쪽, 성경, 연필이나 색연필

① 출애굽기 20장 1~17절에 기록된 십계명을 읽고 이해하기 어려운 단어를 설명해 준다.

② 십계명 중에서 가장 지키기 어려운 계명이 무엇인지 생각해 보고 그림이나 글로 표현해 보게 한다.

③ 지키기 힘든 계명을 적은 뒤 계명을 둘러싸는 큰 하트 모양을 그리게 한다.

④ 계명을 지키지 못한 죄를 덮어 주시는 하나님의 아들 예수님의 큰 사랑에 대한 마음을 그림으로 표현하거나 기도문으로 적어 보는 것도 좋다.

하나님은 우리에게 규칙을 주셔서 하나님은 거룩하시고, 우리는 죄인이라는 것을 알게 하셨어요. 하나님은 하나님의 백성이 규칙을 지키지 못할 것을 알고 계셨어요. 지키기 어려운 계명에 불순종한 적이 있나요? 우리는 예수님을 믿을 때 그 죄를 용서받을 수 있어요. 그리고 예수님을 통한 하나님의 은혜와 용서를 이해하고 감사할수록 하나님을 사랑하고 하나님께 더 순종할 수 있게 될 거예요. 이것이 우리가 지키기 힘든 계명을 둘러싸는 큰 하트 모양을 그린 이유예요. 순종의 열쇠는 예수님을 사랑하는 데 있거든요!

메시지 카드

이번 주 메시지 카드로 부모님과 함께 오늘 배운 성경 이야기를 나누어 보라고 한다.

기도

예수님을 보내 주신 하나님, 감사합니다. 완전히 죄 없는 삶을 사셨던 예수님이 십자가에서 죽으시고 부활하셔서 우리가 용서받을 수 있게 해 주셔서 정말 감사합니다. 우리가 하나님의 말씀에 순종하기 힘들 때마다 하나님께 도와 달라고 기도할 수 있도록 도와주세요. 그래서 우리가 매일 하나님의 선하심에 대해 감사한 마음을 가지고 예수님을 통한 하나님의 사랑을 세상에 전하며 살게 해 주세요. 예수님의 이름으로 기도합니다. 아멘.

7

십계명
"이웃을 사랑하라"

출 20:12~17

본문 속으로

출애굽한 이스라엘 백성이 약속의 땅으로 향하는 동안 하나님은 그들에게 율법을 주셔서 어떻게 살아야 할지 알려 주셨고, 이스라엘 백성이 하나님의 거룩하심을 이해할 수 있게 하셨습니다. 하나님의 율법은 삶의 모든 영역을 포함하며, 그 내용은 십계명에 요약되어 있습니다.

십계명은 두 개의 범주로 나뉩니다. 전반부의 네 계명은 하나님과 사람의 관계를 다루고, 후반부 여섯 계명은 이웃과의 관계를 다룹니다. 예수님은 "네 마음을 다하고 목숨을 다하고 뜻을 다하여 주 너의 하나님을 사랑하라 하셨으니 이것이 크고 첫째 되는 계명이요 둘째도 그와 같으니 네 이웃을 네 자신같이 사랑하라 하셨으니 이 두 계명이 온 율법과 선지자의 강령이니라"(마 22:37~40)라고 말씀하셨습니다.

그러나 이 율법은 사람들이 지킬 수 있는 법이 아닙니다. 하나님은 지키기 위한 법을 주지 않으셨습니다. 율법은 목적을 가지고 있었습니다. 율법은 의로운 삶이 어떤 것인지를 이스라엘 백성에게 보여 주었습니다. 또한 '모세 언약'으로 알려진, 하나님이 이스라엘에게 주신 하나의 언약이었습니다(출 19:3~8).

하나님은 아브라함에게 땅에 있는 모든 족속이 그를 통해 복을 받게 될 것이라고 말씀하셨습니다(창 12:3). "아브라함이 하나님을 믿으매 그것이 그에게 의로 여겨진 바 되었느니라"(롬 4:3). 아브라함에게 주신 하나님의 약속은 예수님을 통해 성취되었습니다. 그러나 하나님은 율법을 주셔서 예수님이 오시기 전까지 사람들을 인도하셨습니다.

●● 티칭 포인트

아이들에게 십계명을 가르칠 때는 하나님의 마음에 들기 위해 꼭 지켜야 하는 규칙으로 여겨지지 않도록 주의하십시오. 하나님의 법은 선하며, 우리를 돕기 위한 법이라는 사실을 알려 주십시오. 성경은 우리 모두가 죄를 지어 하나님의 거룩한 기준에 미치지 못하며, 율법을 지키는 순종은 우리를 구원해 줄 수 없지만 예수님이 우리를 구원하기 위해 오셨다고 말합니다.

주 제

하나님은 우리에게 규칙을 주셔서 하나님과 이웃을 사랑하는 법을 가르쳐 주셨어요.

가스펠 링크

예수님은 우리가 죄로 인해 받아야 할 형벌을 대신 받으셨어요. 예수님을 믿는 사람은 누구든지 죄를 용서받고 영원한 생명을 얻어요.

십계명 "이웃을 사랑하라" 출 20:12~17

모세와 이스라엘 백성은 광야에 이르러 시내 산 앞에 장막을 쳤어요. 하나님이 이집트에서 이스라엘 백성을 구해 내신 후 3개월이 지났을 때였지요. 하나님은 이스라엘 백성을 하나님의 특별한 백성으로 만들 계획을 갖고 계셨고, 그들과 언약을 맺으셨어요. '언약'이란 '약속'이라는 뜻이에요.

하나님은 "너희가 내게 완전히 순종하고 내 언약을 지키면 너희는 모든 민족 중에서 나의 소중한 백성이 될 것이다"라고 말씀하셨어요. 이스라엘 백성은 하나님이 말씀하신 대로 다 행하겠다고 대답했지요.

모세는 시내 산으로 올라갔고, 하나님은 그곳에서 불 가운데 임하셨어요. 연기가 온 산을 덮었고, 천둥, 번개가 치고, 빽빽한 구름이 산을 덮고 있었지요. 산 전체가 크게 흔들리고 커다란 나팔 소리가 들렸어요. 하나님은 사람들이 여호와를 보러 산에 올라오지 못하게 하셨어요.

하나님이 말씀하셨어요. "나는 노예 생활 하던 너를 이집트에서 인도해 낸 너의 하나님 여호와다." 그리고 모세에게 십계명을 주셨지요. 십계명 후반부의 여섯 계명은 이스라엘 백성이 이웃과 서로 어떤 관계를 맺어야 하는지에 대해 말해 주고 있어요. "네 부모를 공경하라", "살인하지 말라", "간음하지 말라"(결혼의 약속을 지켜라), "도둑질하지 말라", "네 이웃에 대하여 거짓 증거하지 말라", "네 이웃의 집을 탐내지 말라."

이스라엘 백성은 천둥과 번개를 보고 나팔 소리를 들으며 산에 자욱한 연기를 보고는 두려워 벌벌 떨며 모세에게 말했어요. "당신이 우리에게 말해 주십시오. 하나님이 우리에게 직접 말씀하시면 우리는 죽게 될 것입니다." 그러자 모세는 "두려워하지 마십시오. 하나님이 여러분을 시험하려고 오신 것입니다. 여러분에게 하나님을 경외하는 마음이 있게 해 죄를 짓지 않게 하시려는 것입니다"라고 말했어요.

이스라엘 백성은 멀리 서 있고 모세는 하나님이 계신 깜깜한 어둠에 가까이 갔어요. 모세는 산 위에서 40일을 머물렀어요. 하나님은 모세에게 더 많은 하나님의 법을 가르쳐 주셨어요. 하나님은 시내 산 위에서 모세에게 말씀하시기를 마치고 하나님의 법과 계명을 친히 손가락으로 새기신 돌판을 주셨어요(출31:18, 우리말성경).

● ● 가스펠 링크

하나님의 법은 하나님이 요구하시는 것이 무엇인지 보여 주어요. 그것은 완전한 의로움이에요. 모든 사람은 하나님과 서로에게 죄를 지었어요. 하나님은 아들이신 예수님을 보내셔서 우리가 할 수 없는 완전한 삶을 살게 하시고, 우리가 죄로 인해 받아야 할 형벌을 대신 받게 하셨어요. 예수님을 믿는 사람은 누구든지 죄를 용서받고 영원한 생명을 얻어요.

가스펠 준비 10~20분

환영

도착하는 아이들을 반갑게 맞이하고 헌금, 출석, QT 등을 확인하며 격려한다. 새 친구가 있다면 소개한다. 아이들이 예배실에서 흩어져 둘씩 짝을 짓게 한다. 학급이나 가정에서 지키는 규칙에 대해 이야기를 나누게 한다.

예) "학교에서 꼭 지켜야 하는 규칙이 있나요?", "집에서 가족들이 모두 지켜야 할 규칙 중에 어떤 것을 정하고 싶나요?" 등.

마음 열기

규칙 따라 카드 찾기 *

[준비물] 주제를 적은 카드, 규칙을 적은 카드(팀 수)

① 7과의 주제 카드를 예배실 곳곳에 숨겨 둔다.

② 아이들을 2~3팀으로 나눈 뒤 각 팀 대표에게 규칙 카드를 한 장씩 뽑게 하고 카드에 적힌 규칙을 큰 소리로 읽게 한다.

예) 왼손만 사용하기, 한쪽 눈을 감고 찾기, 둘씩 손잡고 찾기, "뻐꾹" 소리를 내며 찾기, 손을 뒤로 뻗어 잡기 등.

③ 팀별로 규칙에 따라 주제 카드를 찾게 한다.

④ 주제 카드를 찾은 팀이 카드에 적힌 7과의 주제를 큰 소리로 읽으면 승리한다.

십계명이면 손 머리! *

[준비물] 규칙을 적은 카드

① 아이들을 둥글게 앉힌 뒤 지난주에 배운 십계명과 아이들이 집에서 지켜야 할 몇 가지의 규칙을 섞어서 불러 준다.

예) "너는 나 외에는 다른 신들을 네게 두지 말라", "자기 전에 이를 닦아라", "너는 네 하나님 여호와의 이름을 망령되게 부르지 말라", "안식일을 기억하여 거룩하게 지키라", "방을 정리하라", "매일 세수하라", "너를 위하여 새긴 우상을 만들지 말고 … 섬기지 말라" 등.

② 인도자가 불러 주는 규칙이 십계명에 해당하면 손을 머리 위에 얹게 한다.

　　　하나님의 규칙은 선한 법이에요. **하나님은 우리에게 규칙을 주셔서 하나님과 이웃을 사랑하는 법을 가르쳐 주셨어요.** 오늘 우리는 하나님의 규칙에 대해 좀 더 배울 거예요.

규칙 준수 약속 사인 *

[준비물] 종이, 연필

① 아이들을 둥글게 앉힌 뒤 교회에 가장 필요한 다섯 가지 규칙을 정해 보도록 한다.

예) 선생님 말씀 잘 듣기, 친구들 존중하기, 친구들과 나누기, 몸으로 장난치지 않기 등.

② 규칙을 종이에 적은 다음 각자 사인하게 한다. 사인을 함으로써 규칙에 순종하겠다고 약속한 것이라고 알려 준다.

　　　교회에 필요한 규칙을 정하는 이유가 무엇일까요? 하나님은 왜 우리에게 규칙을 주셨을까요? **하나님은 우리에게 규칙을 주셔서 하나님과 이웃을 사랑하는 법을 가르쳐 주셨어요.** 우리는 오늘의 성경 이야기에서 하나님이 주신 규칙에 대해 좀 더 배울 거예요.

가스펠 설교

15~30분

들어가기

[준비물] 보드게임, 규칙을 적어 놓은 화이트보드, 보드마커, 망원경

보드게임을 들고 편안한 복장으로 들어온다. 화이트보드에 '아지트'라고 쓴다.

나무 위 아지트에 오신 여러분을 환영합니다! 여기는 우리 아빠가 지으신 곳이에요. 멋지지요? 여기 여러분과 함께 할 게임도 가지고 왔어요. 보드게임을 보여 준다. 이것 보세요! 우리 아빠는 여기에 오래된 망원경을 가져다 두서서 우리가 별을 볼 수 있게 해 주셨어요! 아이들에게 망원경을 보여 준다. 그런데 아지트가 있어도 함께 모일 동아리 친구들이 없다면 무슨 소용이 있겠어요? 그리고 동아리에는 회장도 있고, 참! 회장은 저예요, 그리고 규칙도 있어야지요. 제가 만든 규칙은 이렇답니다.

규칙 1 : 동생 금지

규칙 2 : 문 두드릴 때 암호 사용하기 문을 두드리는 방식을 알려준다.

규칙 3 : 어두워지면 손전등을 가져올 것

세 번째 규칙은 안전을 위한 거예요. 어때요? 괜찮은 규칙인가요? 첫 번째 규칙인 '동생 금지'가 너무한 규칙인지 물어보고 서로 의견을 나누게 한다. 혹시 이 규칙들 외에 추가할 규칙이 있을까요? 아이들의 대답을 기다린다. 아이들이 말한 규칙들을 화이트보드에 적는다. 멋져요! 여러분이 도와주니 필요한 규칙이 채워진 것 같아요. 모두들 고마워요!

연대표

자, 이제 지난 시간에 배웠던 성경 이야기에 나온 규칙들을 함께 살펴볼까요?

연대표를 가리킨다.

지난주에 우리는 **하나님이 우리에게 규칙을 주서서 하나님은 거룩하시고, 우리는 죄인이라는 것을 알게 하신** 이야기에 대해 배웠어요. 그 규칙들을 '십계명'이라고 불렀지요. 지난주에 배운 네 가지 계명은 한마디로 '하나님을 사랑하라'였어요. 오늘 우리는 십계명의 후반부에 대해 배울 거예요.

이스라엘 백성이
재앙을 피했어요

홍해를
건넜어요

광야에서
시험을 치렀어요

금송아지를
만들었어요

십계명
"하나님을 사랑하라"

십계명
"이웃을 사랑하라"

성경의 초점

"누가 하나님의 법을 완전하게 지킬 수 있나요?" 아이들이 대답하면 칭찬해 준다. 하나님의 법을 지키려고 아무리 노력해도 우리는 계속 죄를 짓고 하나님께 불순종하게 되지요. **"예수님 외에는 아무도** 하나님의 법을 완전하게 지킬 수 **없어요."**

성경 이야기

오늘의 성경 이야기를 들으면서 하나님이 모세를 통해 이스라엘 백성에게 주신 나머지 여섯 계명을 잘 기억해 보세요. '성경의 초점'에 대해서도 생각해 보세요.

출애굽기 20장 12~17절을 펴고, 설교 영상(지도자용 팩)을 보여 주거나 이야기 성경을 들려준다.

하나님은 이스라엘 백성이 시내 산 앞에 장막을 치고 머무는 동안 모세에게 십계명을 주셨어요. 전반부의 네 계명은 하나님만을 섬겨야 한다고 가르쳐 주어요. 후반부의 여섯 계명은 이스라엘 백성이 어떻게 서로를 대해야 하는지에 대한 규칙이에요.

하나님은 우리에게 규칙을 주셔서 하나님과 이웃을 사랑하는 법을 가르쳐 주셨어요. 하나님의 법은 하나님이 요구하시는 것이 무엇인지 보여 주어요. 그것은 완전한 의로움이에요. 모든 사람은 하나님과 서로에게 죄를 지었어요. 하나님은 아들이신 예수님을 보내셔서 우리가 할 수 없는 완전한 삶을 살게 하시고, 우리가 죄로 인해 받아야 할 형벌을 대신 받게 하셨어요. 예수님을 믿는 사람은 누구든지 죄를 용서받고 영원한 생명을 얻어요.

복 / 습 / 질 / 문

1 모세가 하나님과 이야기한 장소는 어디인가요?

　　시내 산 (출 24:12)

2 시내 산 위에 임한 하나님의 영광이 이스라엘 백성의 눈에는 어떻게 보였나요?

　　맹렬한 불같이 보였다 (출 24:17)

3 하나님은 하나님의 백성을 어디에서 구하셨나요?

　　이집트의 노예 생활 (출 20:2)

4 모세는 시내 산 위에 얼마 동안 있었나요?

　　40일 밤낮 (출 24:18)

5 하나님이 모세에게 주신 계명은 몇 개인가요?

　　10개 (출 20:3~17)

6 **누가 하나님의 법을 완전하게 지킬 수 있나요?**

　　예수님 외에는 아무도 없어요.

찬양

거룩하라

거룩하라 주가 말씀하셨네
거룩하라 주가 법을 주셨네
거룩하라 주가 명령하셨네
거룩하신 예수 다 이루셨네

거룩하라 내가 거룩하니 너희도
거룩하라 거룩하라
거룩하라 예수 믿음으로 너희도
거룩하라 거룩하라

※지도자용 팩 또는 가스펠 프로젝트 홈페이지(gospelproject.co.kr)에서 이용하세요.

복음 초청

성경과 21쪽 복음 초청 가이드를 이용해서 아이들에게 그리스도인이 되는 법을 설명해 준다. 따로 상담해 줄 사람을 정해 주고 궁금한 점이 있으면 물어보도록 격려한다.

이 시간 예수님을 마음에 모시고 싶은 친구는 함께 기도해요.

기도

사랑하는 하나님, 우리에게 규칙을 주셔서 하나님과 이웃을 사랑하는 법을 가르쳐 주셔서 감사합니다. 우리는 하나님께 완전히 순종할 수 없어요. 예수님을 보내 주시고 우리가 예수님을 믿을 때 우리의 죄를 용서해 주셔서 감사합니다. 예수님의 이름으로 기도합니다. 아멘.

적용

TIP 설교 도입이나 적용으로 활용하거나 영상을 본 뒤 소그룹에서 풍성한 대화를 이어 갈 수 있습니다.

가끔씩 규칙을 따르기 어려울 때가 있어요. 규칙은 나쁜 것일까요?

적용 예화 영상(지도자용 팩)을 보여 준다.

보드게임을 하기 위해서는 규칙이 필요했나요? 규칙이 없는 삶은 어떠할지 한번 상상해 보세요. 아이들의 대답을 기다린다. 하나님이 규칙을 주신 이유는 우리를 힘들게 하시기 위해서일까요, 아니면 우리를 사랑하셔서일까요? 하나님이 우리에게 주신 규칙에는 목적이 있지요. **하나님은 우리에게 규칙을 주셔서 하나님과 이웃을 사랑하는 법을 가르쳐 주셨어요.** 하나님의 규칙이 없다면 우리는 우리가 죄를 짓고 있다는 사실조차 알지 못했을 거에요! 하나님의 규칙은 선하고, 우리가 죄에서 구원받기 위해서는 예수님이 필요하다는 것을 보여 준답니다.

가스펠 소그룹

10~20분

 나침반

말씀으로 지은 집

[준비물] 2단원 암송(108쪽), 포스트잇, 사인펜

① 암송 구절을 포스트잇에 한두 단어씩 나누어 쓴다.

② 2단원 암송 위에 포스트잇을 위에서부터 차곡차곡 붙여 사각형 집 모양을 만들게 한다.

③ 암송 구절을 위에서부터 순서대로 올바르게 배열하면 삼각형 모양의 지붕을 그려 주고 아이들과 함께 암송 구절을 읽는다.

하나님은 십계명을 주셔서 거룩하고 의롭게 사는 것이 어떤 것인지 알려 주셨어요.

 보물 지도

하나님 사랑, 이웃 사랑!

[준비물] 학생용 교재 42쪽, 연필, 성경

① 성경에서 출애굽기 20장 12~17절을 찾아 읽게 한다.

② 예수님이 우리에게 말씀하신 두 가지 계명, "하나님을 사랑하고, 네 이웃을 사랑하라"(눅 10:27; 막 12:33 참조)라는 말씀을 들려준다.

③ 십계명의 순서대로 번호를 쓰게 한다.

④ '하나님 사랑'에 대한 내용인지, 아니면 '이웃 사랑'에 대한 내용인지 생각해 보고 알맞게 ○표 하게 한다.

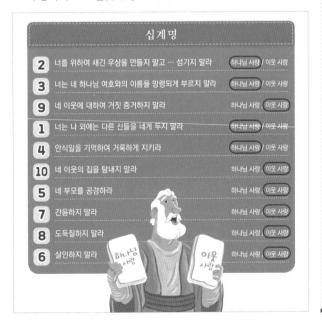

십계명은 하나님의 거룩하심의 기준이 무엇인지를 우리에게 알려 주어요. 성경은 우리는 모두 하나님의 기준에 미치지 못하기 때문에 죄의 벌을 받아야 한다고 말해요. 그러나 예수님은 단 하나의 계명도 어긴 적이 없으세요. 그렇기 때문에 예수님만이 우리의 구원자가 되실 수 있지요. 예수님은 십자가에서 죽으시고 부활하셔서 우리의 죄를 모두 가져가셨어요. 우리가 예수님을 믿으면 우리의 죄는 용서받을 수 있어요. 뿐만 아니라 예수님은 성령님을 보내셔서 우리가 예수님처럼 거룩해질 수 있도록 도와주신답니다.

십계명 컵 쌓기 *

[준비물] 종이컵 10개, 네임펜 또는 사인펜

① 십계명을 여러 번 함께 읽고 순서를 기억하게 한다.

② 종이컵 10개에 십계명을 각각 쓴다. 뒷면에는 몇 번째 계명인지 각각 숫자를 쓴다.

③ 한 명씩 돌아가며 제1계명이 맨 위에 놓이도록 컵 쌓기 경주를 한다. 숫자 컵 쌓기와 십계명 컵 쌓기를 번갈아 하며 십계명을 익히게 한다.

TIP 빨리 쌓기 기록 대결을 하면 재미를 더할 수 있다.

④ 첫 계명이 가장 꼭대기에 있는 이유가 무엇인지 생각해 보게 하고 이야기를 나눈다.

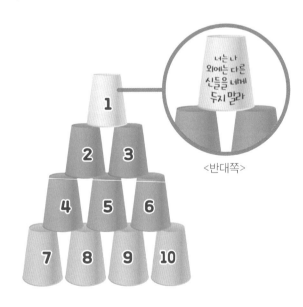

<반대쪽>

탐험하기

숨은 글자 찾기

[준비물] 학생용 교재 43쪽, 색연필이나 크레용

① 숫자에 맞는 색을 칠해서 돌판을 완성하게 한다.

② 나타난 글자 '거룩'을 이용해 레위기 11장 45절 말씀의 빈칸을 채우게 한다.

나는 너희의 하나님이 되려고
너희를 애굽 땅에서 인도하여 낸 여호와라
내가 [거][룩]하니 너희도 [거][룩]할지어다

레위기 11장 45절

여러분은 십계명 돌판에서 어떤 단어를 찾았나요? 맞아요, '거룩'이에요! 여러분 중에 '거룩'이 무슨 뜻인지 아는 친구 있나요? 아이들의 대답을 기다린다. 하나님은 거룩하세요. 하나님은 항상 옳은 일을 행하시고, 죄에서 구별되어 계신 분이에요. 하나님은 하나님의 백성이 죄에서 구별되게 하시려고 지켜야 할 규칙을 주셨어요. 하나님은 이스라엘 백성이 따라야 할 율법을 주셔서 어떻게 살아야 할지를 알려 주시고, 하나님의 거룩하심을 이해할 수 있게 하셨어요.

몸짓으로 십계명을 말해요 *

[준비물] 이웃 사랑에 관한 여섯 개의 계명을 각각 적은 카드

① 아이들을 둘씩 짝을 짓게 한다.

② 각 팀당 계명 카드를 한 장씩 나누어 준 뒤 둘이 힘을 합해 계명을 몸으로 표현하게 한다.

③ 계명을 맞힌 팀에게 점수를 준다.

④ 아이들에게 다른 계명들보다 지키기 쉬워 보이는 계명이 있는지 물어보고, '성경의 초점' 질문을 상기시킨다.

누가 하나님의 법을 완전하게 지킬 수 있나요? 예수님 외에는 아무도 없어요. 이것이 우리의 죄를 용서받기 위해서 우리에게 예수님이 필요한 이유이지요!

여러분 모두 하나님이 주신 계명을 정말 잘 표현했어요! 하나님이 우리에게 규칙을 주신 이유는 무엇인가요? **하나님은 우리에게 규칙을 주셔서 하나님과 이웃을 사랑하는 법을 가르쳐 주셨어요.** 우리는 아무리 노력해도 하나님의 규칙을 완전하게 지킬 수 없어요. 오직 예수님만이 하나님의 법을 완전하게 지키셨어요.

이웃을 사랑하라 *

[준비물] 포스트잇, 종이 깃발, 사인펜

① 아이들에게 포스트잇을 한 장씩 나누어 준 뒤 이웃에게 어떻게 사랑을 표현하고 예수님을 전할 수 있는지 써 보게 한다.

② 아이들이 시간을 많이 보내는 장소를 물어보고, 인기 있는 장소들을 깃발에 각각 적은 뒤 세워 놓는다.

예) 학교, 학원, 놀이터 등.

③ 이웃 사랑을 실천하고 싶은 장소가 적힌 깃발에 포스트잇을 붙이게 한다.

하나님은 우리에게 규칙을 주셔서 하나님과 이웃을 사랑하는 법을 가르쳐 주셨어요. 이웃을 사랑하는 것은 하나님이 우리에게 주신 사랑에 감사해 하나님께 경배하고 순종하는 방법 중에 하나예요. 우리는 매일 많은 곳에 가서 여러 사람들을 만나요. 우리는 그들에게 사랑을 표현하고 예수님을 전해 줄 수 있어요. 이번 주에는 여러분이 정한 장소에서 포스트잇에 적은 내용을 실천해 보세요. 예수님을 믿으면 죄를 용서받을 수 있다는 것을 그들에게 전해 주세요.

보물 상자

나만의 기록장

[준비물] 학생용 교재 44쪽, 연필이나 색연필

① 하나님이 모세와 이스라엘 백성에게, 그리고 우리에게 십계명을 주신 이유를 생각해 보고, 두 개의 십계명 돌판에 담긴 하나님의 당부나 마음을 그림이나 글로 표현해 보게 한다.

② 아이들이 어려워한다면 두 개의 돌판을 그리게 한 뒤 하나의 돌판에는 "하나님을 사랑하라"를, 두 번째 돌판에는 "이웃을 사랑하라"를 쓰게 해도 좋다.

③ 아이들이 하나님이 자신을 먼저 사랑하셨다는 것을 깨닫게 하고, 이번 주에 이웃에게 사랑을 표현할 수 있는 방법에 대해 이야기를 나누어 본다.

하나님은 우리에게 규칙을 주셔서 하나님과 이웃을 사랑하는 법을 가르쳐 주셨어요. 하나님은 이스라엘 백성을 이집트에서 인도해 내시고 하나님을 경배하게 하셨어요. 하나님은 십계명을 주셔서 이스라엘 백성이 하나님을 어떻게 경배해야 할지 알려 주셨어요. 우리가 하나님께 순종하는 이유는 하나님이 우리를 사랑하시게 하려는 것이 아니에요. 하나님이 먼저 우리를 사랑하셨기 때문이지요! 우리가 하나님과 이웃을 사랑할 수 있는 이유는 하나님이 우리를 먼저 사랑하셨기 때문이에요. 이번 주에 하나님과 이웃을 더 사랑할 수 있는, 하나님이 주신 기회를 찾아보세요.

메시지 카드

이번 주 메시지 카드로 부모님과 함께 오늘 배운 성경 이야기를 나누어 보라고 한다.

기도

사랑하는 하나님, 하나님과 이웃을 사랑하는 법을 가르쳐 주셔서 감사합니다. 하나님의 사랑에 감사하며 언제나 기쁨으로 하나님께 순종하도록 도와주세요. 예수님의 이름으로 기도합니다. 아멘.

십계명
(출 20:1~17)

하나님이 이 모든 말씀으로 말씀하여 이르시되
나는 너를 애굽 땅, 종 되었던 집에서 인도하여 낸 네 하나님 여호와니라

1. 너는 나 외에는 다른 신들을 네게 두지 말라

2. 너를 위하여 새긴 우상을 만들지 말고 또 위로 하늘에 있는 것이나 아래로 땅에 있는 것이나 땅 아래 물 속에 있는 것의 어떤 형상도 만들지 말며 그것들에게 절하지 말며 그것들을 섬기지 말라 나 네 하나님 여호와는 질투하는 하나님인즉 나를 미워하는 자의 죄를 갚되 아버지로부터 아들에게로 삼사 대까지 이르게 하거니와 나를 사랑하고 내 계명을 지키는 자에게는 천 대까지 은혜를 베푸느니라

3. 너는 네 하나님 여호와의 이름을 망령되게 부르지 말라 여호와는 그의 이름을 망령되게 부르는 자를 죄 없다 하지 아니하리라

4. 안식일을 기억하여 거룩하게 지키라 엿새 동안은 힘써 네 모든 일을 행할 것이나 일곱째 날은 네 하나님 여호와의 안식일인즉 너나 네 아들이나 네 딸이나 네 남종이나 네 여종이나 네 가축이나 네 문안에 머무는 객이라도 아무 일도 하지 말라 이는 엿새 동안에 나 여호와가 하늘과 땅과 바다와 그 가운데 모든 것을 만들고 일곱째 날에 쉬었음이라 그러므로 나 여호와가 안식일을 복되게 하여 그날을 거룩하게 하였느니라

5. 네 부모를 공경하라 그리하면 네 하나님 여호와가 네게 준 땅에서 네 생명이 길리라

6. 살인하지 말라

7. 간음하지 말라

8. 도둑질하지 말라

9. 네 이웃에 대하여 거짓 증거하지 말라

10. 네 이웃의 집을 탐내지 말라 네 이웃의 아내나 그의 남종이나 그의 여종이나 그의 소나 그의 나귀나 무릇 네 이웃의 소유를 탐내지 말라

8

성막을 지었어요

출 35:4~40:38

본문 속으로

出애굽기의 마지막 열여섯 장은 성막 건축에 대한 하나님의 지시를 기록하고 있습니다. 성막은 하나님이 하나님의 백성을 만나셨던 이동 가능한 장막입니다. 하나님은 성막에 대한 특별한 목적을 갖고 계셨습니다(출 29:45~46).

모세는 시내 산에서 하나님과 함께 40일을 보냈습니다. 하나님은 십계명이라는 언약의 말씀을 두 개의 돌판에 새기셨습니다. 돌아온 모세는 모든 이스라엘 백성을 부르고 그들에게 하나님이 주신 말씀을 전했습니다(출 24:3~4).

성막 건축에 대한 하나님의 명령은 매우 자세했습니다. 하나님은 이스라엘 백성에게 부담을 주시려는 것이 아니라 하나님의 거룩하심과 권위를 보이기 원하셨습니다. 하나님은 브살렐과 오홀리압이 성막의 건축을 감독하게 하셨고, 그들에게 지혜와 총명과 장인 정신을 주셨습니다. 기술을 가진 모든 사람이 자원하는 마음으로 하나님의 성막을 짓는 일에 열심히 임했습니다(출 35:30~35, 36:1~3).

하나님이 이스라엘 백성에게 만들라고 하신 성막은 하나님이 그들 가운데 거하신다는 가시적인 상징과도 같은 것이었습니다. 성막과 성전은 예수님이 오시기 전까지 하나님의 영광이 거하는 장소였습니다(고후 4:6). 성막의 모든 부분은 하나님과 이스라엘 백성의 관계를 보여 주기 위해 디자인되었습니다.

예수님의 오심은 구약의 성막이 신약에서 성취된 것입니다. 요한복음 1장 14절은 "말씀이 육신이 되어 우리 가운데 거하시매"라고 말합니다. 예수님은 사람들 가운데 거하셨습니다. "하나님의 장막이 사람들과 함께 있으매"(계 21:3).

●● 티칭 포인트

아이들에게 성막 건축에 대한 내용을 가르치는 동안 하나님의 백성과 함께하기 원하시는 하나님의 소망을 알려 주십시오. 또한 하나님은 성막을 통해 이스라엘 백성에게 자신이 늘 함께한다는 것을 알려 주기 원하셨다고 이야기해 주십시오. 신약에서 예수님의 오심은 사람들을 하나님께로 데려가시려는 하나님의 계획이었다는 것을 강조해서 말해 주십시오.

주 제
하나님은 하나님의 백성과 함께 계시기 위해 성막을 지으라고 하셨어요.

가스펠 링크
하나님은 구원의 계획으로 예수님을 보내셔서 사람들과 함께 이 땅에 살게 하셨어요.

성막을 지었어요 출 35:4~40:38

모세가 시내 산에서 하나님과 함께 있는 동안 하나님이 모세에게 말씀하셨어요. "이스라엘 백성에게 나를 위해 성막을 만들게 하라. 그러면 내가 그들 가운데 거할 것이다." 하나님은 모세에게 성막을 어떻게 지어야 하는지 자세하게 알려 주셨어요. "내가 보여 주는 모양과 똑같이 지으라." 성막은 이스라엘 백성이 이동할 때 가지고 다닐 수 있는 큰 천막이었어요. 앞으로 성막은 하나님이 하나님의 백성과 만나시는 장소가 될 거예요.

모세는 시내 산에서 내려오자마자 모든 이스라엘 백성을 불러 모아 하나님이 하신 말씀을 전해 주었지요. 모세는 사람들에게 성막을 만들 예물들을 가져오게 했어요. 마음에 감동을 받은 이스라엘 백성은 금, 은, 놋과 파란색 실, 자주색 실, 빨간색 실, 가는 베실, 염소 털, 붉게 물들인 양 가죽, 해달 가죽, 조각목(아카시아나무), 기름, 향품, 보석 등 성막에 필요한 예물들을 가져와서 하나님께 드렸어요.

하나님은 브살렐과 오홀리압 두 사람에게 성막을 짓게 하시고, 지혜와 총명과 특별한 재능을 주셨어요. 이 둘과 하나님께 자신의 재능을 드리기 원하는 기술자들이 함께 모여 하나님을 위한 성막을 지었어요. 이스라엘 백성은 즐거운 마음으로 성막을 짓기 위한 예물을 가져왔어요. 모세가 이제 충분하니 예물을 그만 가져와도 된다고 말할 때까지 계속 예물이 모였어요.

기술자들은 하나님이 명령하신 대로 성막을 지었어요. 휘장 열 폭의 성막을 만들었는데, 한 폭의 길이가 28*규빗(약 12.6m)이었어요. 그들은 성막 위를 덮을 것으로 염소 털로 휘장 열한 폭을 만들었어요. 조각목으로 널판을 만들어 성막의 벽을 세웠는데 각각의 널판은 길이가 10규빗(약 4.5m), 너비가 1.5규빗(약 68cm)이었

어요. 모든 것이 하나님이 말씀하신 대로 지어졌어요.

기술자들은 성막 안에 휘장을 만들었어요. 그리고 언약궤, 상(떡상), 등잔대 등 성막에서 쓸 여러 가지 도구들을 만들었지요. 모든 것은 특별한 목적을 가지고 있었고, 하나님이 말씀하신 대로 만들어졌어요.

때가 되자, 하나님은 모세에게 성막을 세우라고 하셨어요. 그리고 성막과 그 안에 있는 모든 것에 기름을 발라 거룩하게 하라고 하셨어요. 하나님은 모세에게 아론을 성막 문으로 데려가 물로 씻긴 후 거룩한 옷을 입히고 기름을 부어 거룩하게 해 제사장으로 하나님을 섬기게 하라고 말씀하셨어요. 아론의 아들들도 하나님을 섬기는 제사장으로 기름 부음을 받았어요. 모세는 하나님이 명하신 대로 행했고, 마침내 성막이 세워졌어요. 구름이 성막을 덮고 하나님의 영광이 성막에 가득했어요.

하나님은 이스라엘 백성에게 신호를 보내 주셨어요. 구름 가운데서 그들을 인도하셨지요. 사람들은 구름이 성막 위에서 떠오르면 앞으로 나아갔고, 구름이 떠오르지 않으면 그 자리에 머물렀어요. 낮에는 하나님의 구름이 성막 위에 있었고, 밤에는 불이 구름 가운데 있어서 그들과 함께했어요. 모든 이스라엘 백성은 광야를 여행하는 동안 구름기둥과 불기둥을 볼 수 있었답니다.

● ● 가스펠 링크

하나님은 하나님의 백성과 함께 있기를 원하셨어요. 그래서 성막을 지으라고 하셨지요. 하나님은 예수님을 하나님이 우리와 함께하시는(임마누엘) '성막'으로 이 땅에 보내셔서 사람들과 함께 살게 하셨어요.

*규빗 : 길이를 재는 단위. 1규빗은 약 45cm

가스펠 준비 10~20분

👑 환영

도착하는 아이들을 반갑게 맞이하고 헌금, 출석, QT 등을 확인하며 격려한다. 새 친구가 있다면 소개한다. 아이들이 직접 보았거나 상상할 수 있는 가장 멋지고 아름다운 건물에 대해 이야기를 나누어 보게 한다. 필기도구를 나누어 주고 그림으로 표현하게 한 뒤 그림을 보며 설명해 달라고 해도 좋다.

예) "멋진 건물을 본 적이 있나요?", "건물을 멋지게 만들려면 어떤 재료가 필요할까요?" 등.

▬▬ 정말 아름다운 건물이네요! 오늘 우리는 '성막'이라는 아름다운 예배 장소에 대해 배울 거예요. **하나님은 하나님의 백성과 함께 계시기 위해 성막을 지으라고 하셨어요.**

💝 마음 열기

건물 만들기 *

[준비물] A4 용지, 셀로판테이프

① 아이들을 2~3명씩 팀으로 나눈다.

② 아이들에게 A4 용지와 셀로판테이프를 나누어 주고, 제한된 시간 안에 멋있는 종이 건물을 만들어 보라고 한다.

▬▬ 여러분, 아무 설명도 듣지 않은 채 부족한 재료로 건물을 만드는 일이 힘들지 않았나요? 하나님이 이스라엘 백성에게 성막을 지으라고 하셨을 때 하나님은 놀랄 만큼 자세하게 설명해 주셨고, 다양한 재료들을 사용하게 하셨어요. 그리고 이스라엘 백성에게 성막이 왜 필요한지 알게 하셨답니다. 오늘 우리는 성막에 대해 배울 거예요.

설계도 따라 만들기 *

[준비물] 여러 가지 재료(컵, 실, 빨대, 셀로판테이프, 솜뭉치 등), 설계도와 지시 사항을 적은 종이

① 공작품을 만드는 데 필요한 설계도를 그린 후 지시 사항을 5~6개 적어 둔다.

　예) 1. 컵 주위에 실을 두 번 감는다.

　　　2. 빨대 두 개를 잇고 셀로판테이프로 컵 안에 붙인다.

　　　3. 컵 바깥에 솜뭉치를 6개 붙인다.

② 아이들을 두 팀으로 나눈 뒤 다른 팀이 볼 수 없도록 서로 붙어 앉아 가리게 한다. 각 팀에 같은 재료를 나누어 주고 준비한 설계도의 지시 사항을 읽는다.

③ 지시 사항대로 공작품을 완성한 뒤 발표하는 시간을 갖는다. 같은 지시 사항을 받았는데 상대 팀과 차이점이 생긴 이유를 질문한다.

▬▬ 하나님의 백성은 지금 여러분이 받은 것처럼 특별한 지시와 다양한 재료를 받았어요. 하나님은 사람들이 성막을 잘 지을 수 있도록 재능도 주셨지요. 오늘의 성경 이야기에서 좀 더 알아보아요.

가스펠 설교

들어가기

[준비물] 설계도나 도표

편안한 복장으로 아지트에 대한 설계도나 도표를 가지고 들어온다. 안녕하세요, 여러분! 다시 보게 되어 기뻐요! 제 손에 있는 것이 무엇인지 아세요? 이것은 아지트를 만들 때 아빠와 제가 사용한 설계도예요. 설계도란 건물을 지을 때 참고하려고 계획이나 지시 사항을 적어 넣은 그림이지요! 설계도에 적힌 지시 사항은 우리가 알아야 하는 모든 것을 알려 준답니다. 그래서 우리가 건축 디자이너가 생각한 대로 건물을 지을 수 있게 해 주어요. 우리가 설계도 없이 원하는 대로 아지트를 짓는다면 어떻게 될까요? 보기에는 멋질지 모르지만 안전하지 않을 수도 있겠지요? 제가 이 설계도를 한 번 보고 창밖으로 던져 버린다면 어떻게 될까요? 절대 안 되겠지요!

연대표

광야에서   금송아지를
시험을 치렀어요   만들었어요

십계명   십계명
"하나님을 사랑하라"   "이웃을 사랑하라"

성막을   하나님이 제사의 규칙을
지었어요   정해 주셨어요

여러분은 지난주에 배웠던 십계명을 기억하나요? **하나님은 우리에게 규칙을 주셔서 하나님과 이웃을 사랑하는 법을 가르쳐 주셨어요.** 하나님의 규칙은 하나님은 거룩하시고, 우리는 죄인이라는 것을 보여 주어요.

오늘의 성경 이야기의 제목은 "성막을 지었어요."예요. 여러분도 알다시피 이스라엘 백성은 광야를 통과해 약속의 땅으로 향하고 있었어요. 그들은 낮에는 하나님이 함께하신다는 표시인 구름기둥을 따라갔고, 밤에는 불기둥을 따라갔어요. 하지만 하나님의 백성에게는 하나님을 만나고 경배드릴 수 있는 장소가 필요했어요. 그리고 예물을 드리고 자신의 죄를 고백할 수 있는 곳도 필요했지요.

성경의 초점

지난주 '성경의 초점'을 기억하고 있나요? **누가 하나님의 법을 완전하게 지킬 수 있나요? 예수님 외에는 아무도 없어요.** 하나님은 거룩하시고, 하나님의 백성에게도 거룩하라고 명령하셨어요. 성막은 거룩하신 하나님이 하나님의 백성과 만나시는 특별한 장소가 될 거예요. 성막은 하나님이 계시는 곳이기에 성막을 짓기 위해서는 특별한 지시 사항이 필요했어요.

성경 이야기

출애굽기 35장 4절부터 40장을 펴고, 설교 영상(지도자용 팩)을 보여 주거나 이야기 성경을 들려준다.

하나님은 하나님의 백성과 함께 계시기 위해 성막을 지으라고 하셨어요. 하나님은 성막을 어떻게 만들어야 할지에 대해 자세한 지시 사항을 주셨고, 그대로 만들라고 하셨어요. 이스라엘 백성은 하나님이 모세에게 하신 말씀대로 성막을 지었어요. 뿐만 아니라 사람들은 성막을 아름답게 짓기 위해 특별한 예물들을 드렸어요!

하나님은 하나님의 백성과 함께하기를 원하세요. 하나님은 사람들을 구원하시기 위해 예수님을 장막(사람의 몸)으로 보내셨어요. 이 땅 위의 사람들과 함께 계실 수 있도록 하시려고요.

복/습/질/문

① 하나님은 이스라엘 백성에게 무엇을 지으라고 하셨나요?

성막 (출 35:10~11)

② 성막을 짓기 위해서는 어떤 예물들이 필요했나요?

금, 은, 놋, 파란색 실, 자주색 실, 빨간색 실, 가는 베실, 염소 털, 붉게 물들인 숫양의 가죽, 해달의 가죽, 조각목, 기름, 향품, 보석 등 (출 35:5~9)

③ 하나님이 성막을 짓기 위해 특별한 재능을 주신 사람들은 누구인가요?

브살렐과 오홀리압 (출 36:1)

④ 성막을 짓고 나서 하나님이 모세에게 주신 명령은 무엇인가요?

기름을 발라 거룩하게 하라 (출 40:9)

⑤ 하나님의 임재를 의미하는 구름이 성막 위에서 떠오르면 이스라엘 백성은 어떻게 해야 했나요?

구름이 인도하는 대로 앞으로 나아가야 했다 (출 40:36)

 복음 초청

성경과 21쪽 복음 초청 가이드를 이용해서 아이들에게 그리스도인이 되는 법을 설명해 준다. 따로 상담해 줄 사람을 정해 주고 궁금한 점이 있으면 물어보도록 격려한다.

이 시간 예수님을 마음에 모시고 싶은 친구는 함께 기도해요.

 기도

하나님, 하나님의 백성에게 성막을 짓게 해 주셔서 감사합니다. 예수님이 이 땅에 오셔서 우리를 대신해 십자가에서 죽으심으로 이제 성막이 없어도 하나님과 영원히 함께 살 수 있게 하심을 감사합니다. 예수님이 언제나 나와 함께하심을 믿고 기쁨으로 살아가게 해 주세요. 예수님의 이름으로 기도합니다. 아멘.

 적용

TIP 설교 도입이나 적용으로 활용하거나 영상을 본 뒤 소그룹에서 풍성한 대화를 이어 갈 수 있습니다.

하나님이 사람을 창조하신 이야기를 기억하나요? 하나님은 에덴동산에서 아담과 하와와 함께하셨어요. 그러나 아담과 하와는 죄를 지음으로써 하나님으로부터 멀어졌어요. 오늘의 영상을 함께 보아요.

적용 예화 영상(지도자용 팩)을 보여 준다.

새뮤얼은 벌레 두 마리를 함께하게 해 줄 좋은 방법을 생각해 내려고 했지만, 결과적으로는 에밀리아노의 방법이 가장 좋았어요. 우리는 죄로 인해 하나님으로부터 멀어졌어요. 사람들이 하나님께 가려고 스스로 노력하다가 실패하는 일에는 어떠한 것들이 있을까요? (교회에 가기, 착한 사람 되기, 불쌍한 사람 돕기 등) 그런데 하나님은 하나님으로부터 멀어지게 한 우리의 죄 문제를 어떻게 해결하셨나요?

우리는 스스로 죄 문제를 해결할 수 없어요. 하나님께 가까이 갈 수도 없지요. 하나님은 예수님을 통해 죄 문제를 해결하셨어요. 예수님이 우리가 받아야 할 죄의 *대가를 치르셨기 때문에 우리가 예수님을 믿을 때 하나님과 우리의 관계가 회복될 수 있는 거예요. 우리는 하나님께 가지 못하지만, 하나님이 우리에게 오셨어요! 우리가 하나님과 더 가까워질 수 있는 방법은 무엇일까요? (성경 읽기, 기도하기, 예배하기 등)

★대가 : 어떤 결과를 얻기 위한 노력이나 희생

가스펠 소그룹

10~20분

나침반

말씀 돌다리를 건너요

[준비물] 학생용 교재 48쪽, 79쪽 돌멩이, 가위

① 암송 구절을 여러 번 따라 읽게 한다.

② 79쪽 돌멩이를 오리게 하고, 연꽃잎을 피해 말씀 돌멩이를 놓아 성막으로 향하는 돌다리를 완성하게 한다.

③ 가위바위보로 이길 때마다 말씀 돌멩이 하나씩을 놓을 수 있다고 말해 준다.

④ 돌다리를 가장 먼저 놓은 아이에게 암송 구절을 크게 읽게 한다.

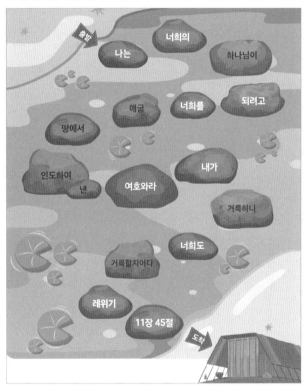

하나님은 하나님의 백성과 함께 계시기 위해 성막을 지으라고 하셨어요. 이스라엘 백성은 성막을 볼 때마다 하나님이 거룩하시듯 자신들도 거룩해야 한다는 것을 기억했어요. 암송 구절에도 나와 있는 내용이지요. 일 년에 한 번, 단 한 사람만이 휘장 너머 하나님이 임재하시는 지성소에 들어갈 수 있었어요. 예수님이 십자가에서 죽으셔서 우리의 죄를 가져가셨을 때 하나님과 이스라엘 백성을 갈라놓았던 성소의 휘장이 위에서부터 아래로 찢어졌어요. 예수님을 통해 우리는 하나님과 함께 영원히 살 수 있어요!

보물 지도

성경의 소제목을 읽어요 *

[준비물] 성경

① 아이들에게 출애굽기 35장을 펴게 한다.

② 출애굽기 35장 4절부터 40장까지 천천히 넘기면서 성경에 쓰인 소제목들을 함께 읽는다. 글을 읽지 못하는 아이가 있다면 인도자가 대신 읽는다.

③ 소제목에 중요한 핵심 줄거리가 담겨 있다고 설명한다.

성막에서 함께하시는 하나님 *

[준비물] 얼굴 표정 스티커(웃는 얼굴, 찡그린 얼굴)

① 아이들에게 웃는 얼굴, 찡그린 얼굴 스티커를 하나씩 나누어 주고 검지 손톱에 붙이게 한다.

② 다음 질문이 성막과 관련된 내용이 맞으면 웃는 얼굴을, 틀리면 찡그린 얼굴을 들게 한다.

1 하나님은 하나님의 백성과 함께 계시기 위해 성막을 지으라고 하셨어요. ○

2 사람들은 예물로 아무것이나 가지고 왔어요.
   ✕, 하나님이 말씀하신 예물을 가져왔다

3 하나님은 브살렐과 오홀리압에게 성막을 지을 특별한 재능을 주셨어요. ○

4 하나님은 모세에게 성막에 기름을 발라 거룩하게 하라고 하셨어요. ○

5 아론의 아들들도 제사장으로 기름 부음 받았어요. ○

6 하나님은 낮에는 불기둥으로, 밤에는 구름기둥으로 이스라엘 백성을 인도하셨어요.
   ✕, 낮에는 구름기둥으로, 밤에는 불기둥으로 인도하셨다

7 성막은 언제든지 이동할 수 있었어요.
   ✕, 하나님의 인도하심을 따라 움직였다

하나님은 출애굽기 35장 4절부터 40장까지 여섯 장에 걸쳐서 성막을 짓는 방법을 자세히 설명해 주셨어요. 하나님은 브살렐과 오홀리압, 그리고 다른 기술자들에게 하나님이 지시하신 대로 성막을 지을 수 있는 특별한 능력과 재능을 주셨어요. 하나님은 왜 하나님의 백성에게 성막을 지으라고 하셨나요? 아이들의 대답을 기다린다. **하나님은 하나님의 백성과 함께 계시기 위해 성막을 지으라고 하셨어요.**

탐험하기

성막 건축에 쓰인 예물들

[준비물] 학생용 교재 49쪽, 연필이나 색연필, 뒤표지 안쪽의 성막 그림

① 성막을 지을 때 기술자와 재료를 어떻게 모았는지 성경 이야기를 회상해 보게 한다.

② 사다리를 타고 내려가 빈칸의 초성 암호를 풀어 예물의 이름을 적어 보게 한다.

③ 완성된 성막 그림을 보여 준다.

하나님은 성막에 필요한 예물들에 대해 하나님의 백성에게 매우 자세하게 설명해 주셨어요. 성막이란 하나님이 임재하시는 곳이며, 예배하는 장막이었어요. **하나님은 하나님의 백성과 함께 계시기 위해 성막을 지으라고 하셨어요.** 하나님은 왜 이스라엘 백성과 함께 계시기를 원하셨을까요? 아이들의 대답을 들어 본다.

털실 성막 만들기 *

[준비물] 도화지, 털실, 액체 풀, 크레용, 색연필, 사인펜, 가위

① 아이들에게 재료를 나누어 준 뒤 도화지에 성막 모양으로 털실을 붙이고 크레용, 색연필, 사인펜을 사용해 성막을 꾸미게 한다.

② 아이들이 활동하는 동안, 오늘의 성경 이야기를 요약해서 들려주고, 이스라엘 백성이 하나님의 지시대로 성막을 지을 때 어떤 예물

을 드렸는지, 얼마나 수고했는지에 대해서 말해 준다.

③ 털실 성막이 완성되면 아래쪽에 8과의 주제를 쓰게 한다.

성막은 우리가 잘 알고 있는 텐트와 비슷하게 생겼어요. 성막은 이스라엘 백성이 광야를 통해 약속의 땅에 가기까지 이스라엘 백성의 진영 가운데에 있었어요. **하나님은 하나님의 백성과 함께 계시기 위해 성막을 지으라고 하셨어요.**

보물 상자

나만의 기록장

[준비물] 학생용 교재 50쪽, 연필이나 색연필

① 아이들에게 하나님이 함께하신다는 느낌을 받은 적이 있는지 물어보고, 떠오르는 내용을 그림이나 글로 표현하게 한다.

② 아이들이 활동을 하는 동안 하나님이 우리와 어떻게 함께하시는지에 대해 물어본다.

죄가 세상에 들어오기 전에 하나님은 에덴동산에서 아담과 하와와 함께 계셨어요. 하나님은 죄를 지은 아담과 하와를 에덴동산에서 쫓아내셨지요. 오랜 시간이 흐른 뒤에 하나님은 성막을 통해 이스라엘 백성과 함께하셨어요. 그러나 하나님의 아들이신 예수님이 이 땅에 오심으로 우리는 예수님과 마주 보며 살 수 있게 되었답니다. 예수님을 우리의 구주로 믿을 때 하나님은 성령님을 보내셔서 우리와 함께 사세요. 하나님은 결코 우리를 떠나지 않으세요!

메시지 카드

이번 주 메시지 카드로 부모님과 함께 오늘 배운 성경 이야기를 나누어 보라고 한다.

기도

사랑하는 하나님, 언제나 우리와 함께해 주셔서 감사합니다. 예수님을 통해 우리의 죄를 용서해 주셔서 감사합니다. 하나님이 날마다 나와 함께하심을 믿고, 하나님의 뜻대로 살아가게 해 주세요. 예수님의 이름으로 기도합니다. 아멘.

9

하나님이 제사의 규칙을 정해 주셨어요

레 1~27장

본문 속으로

성막이 완성되었습니다. 하나님의 영광이 성막에 머물렀고, 이스라엘 백성은 더 이상 하나님의 임재로 인해 죽을까 염려할 필요가 없었습니다. 하나님은 시내산에서 이스라엘 백성에게 율법을 주셨습니다. 하나님이 주신 율법에는 그들이 어떻게 살아야 하는지, 성막에서 하나님을 어떻게 예배해야 하는지에 대한 내용이 포함되어 있었습니다. 모든 규칙이 레위기에 기록되어 있습니다. 하나님이 이러한 규칙을 주신 이유는 레위기 19장 2절에서 찾아볼 수 있습니다. "너희는 거룩하라 이는 나 여호와 너희 하나님이 거룩함이니라."

하나님은 육체의 생명이 피에 있으므로 피가 죄를 속한다고 말씀하셨습니다(레 17:11). 이것은 "왜 예수님이 십자가에서 피 흘려 죽으셔야 했나?"라는 질문에 대한 답이기도 합니다. 죄를 용서받기 위해서는 피 흘림이 필요합니다. "율법을 따라 거의 모든 물건이 피로써 정결하게 되나니 피 흘림이 없은즉 사함이 없느니라"(히 9:22).

희생 제물에 대한 신약의 가르침을 찾아보는 것은 중요합니다. 히브리서 10장 4절은 "이는 황소와 염소의 피가 능히 죄를 없이하지 못함이라"라고 말합니다. 동물의 피가 죄를 없애지 못한다면 하나님은 왜 사람들에게 희생 제사를 요구하셨을까요? 희생 제사 제도는 자신을 완벽한 희생 제물로 드리셔서 우리의 죄를 한 번에 영원히 속죄하신 예수님의 십자가 사건을 예표하는 그림자요 모형인 것입니다(엡 1:7; 롬 5:9).

레위기는 이스라엘 백성을 위한 많은 규칙을 담고 있습니다. 그러나 오늘날 우리는 레위기의 모든 규칙을 지키지는 않습니다. 예수님이 우리를 위해 율법에 완전히 순종하셨기 때문입니다.

● ● 티칭 포인트

성경에서 레위기는 아이들에게 익숙하지 않은 책입니다. 이 과를 통해 하나님은 거룩하시기 때문에 죄를 용서받기 위해서는 피의 희생 제물이 반드시 필요하다는 점을 아이들에게 설명해 주십시오. 그리고 아이들을 예수님께로 인도하십시오. 예수님이 우리를 위해 세상의 죄를 모두 지신 완벽한, 그리고 완전한 희생 제물이 되셨다는 사실이 얼마나 소중한지 알려 주십시오(요 1:29).

주 제
하나님은 거룩하시기 때문에 죄에 대해서 희생 제물을 요구하세요.

가스펠 링크
예수님은 자신을 완벽한 희생 제물로 드리셔서 우리의 죄를 한 번에 영원히 가져가셨어요.

하나님이 제사의 규칙을 정해 주셨어요 레 1~27장

모세가 시내 산에서 하나님과 함께 있는 동안 하나님은 이스라엘 백성을 위한 여러 가지 규칙을 알려 주셨어요. 이 규칙은 사람들이 어떻게 거룩하게 살아야 할지를 알려 주었지요. 하나님은 거룩하시기 때문에 죄와 함께 계실 수 없어요. 그러나 이스라엘 백성은 하나님의 법을 완벽하게 지킬 수가 없었답니다. 따라서 하나님은 성막에서 모세를 부르셔서 말씀하셨어요. 이스라엘 백성이 어떻게 살아야 할지, 어떻게 하나님께 예배해야 할지, 그리고 죄를 지었을 때 어떻게 해야 할지를 알려 주셨지요.

먼저, 하나님은 제물을 드리는 방법을 알려 주셨어요. '제물'이란 사람들이 하나님께 드리는 돈이나 보석 같이 소중히 여기는 선물을 말해요. 동물, 곡식, 빵 등이 제물로 드려졌어요. 때에 따라 드리는 제물이 조금씩 달랐어요. 하나님을 찬양하며 기도하고 싶을 때는 하나님께 번제 제물을 드렸어요. 하나님께 잘못했다고 고백하고 싶을 때는 죄 용서를 구하는 속죄 제물을 드렸어요.

하나님은 제사장들에 대한 규칙도 주셨어요. 제사장들은 하나님이 명령하신 대로 희생 제물을 드렸어요. 제사장들은 성막을 지키고, 사람들에게 하나님이 원하시는 거룩한 삶에 대해 가르쳤어요. 아론과 그의 아들들이 제사장으로 섬겼답니다.

하나님은 모세에게 일 년에 한 번 있는 특별한 날에 대해 말씀하셨어요. 그날은 '대속죄일'이라고 불렸어요. '속죄'란 죄에 대한 값을 치르고 용서받아 하나님과 화해하는 것을 말해요. 사람들이 하나님과 화해하기 위해서는 죄를 용서받아야 했어요. 대속죄일이 되면 이스라엘 백성은 희생 제물(동물)을 드렸어요. 대제사장은 특별한 희생 제사를 드렸지요. 그는 동물의 피를 가져다가 성막 중에서 가장 특별한 공간인 지성소로 들어갔어요. 지성소 안에는 십계명이 쓰인 돌판을 담아 놓은 금을 입힌 상자가 있었어요. 바로 언약궤예요. 대제사장은 동물의 피를 언약궤의 뚜껑 위에 뿌렸어요. 언약궤의 뚜껑은 '은혜가 임하는 자리'라고 불렸어요.

희생 제물이 중요한 이유는 이스라엘 백성의 죄의 값을 치러 주었기 때문이에요. 하나님은 이렇게 말씀하셨어요. "그날 너희를 위해 너희를 깨끗하게 하는 속죄를 하라. 그러면 여호와 앞에서 너희 모든 죄가 깨끗하게 될 것이다."

하나님은 이스라엘 백성에게 하나님의 법을 주셔서 어떻게 살아야 할지를 알려 주셨어요. 하나님은 "너희 하나님 여호와가 거룩하니 너희도 거룩해야 한다"라고 말씀하시고, 거룩이 무엇인지 알려 주셨어요. "부모를 공경하라", "안식일을 지켜라", "거짓말하지 말라", "네 이웃을 네 자신같이 사랑하라" 등 많은 규칙을 주셨답니다.

● ● 가스펠 링크

하나님이 이스라엘 백성에게 요구하신 희생 제물은 하나님이 죄인을 용서하실 것이라는 사실을 우리에게 보여 주어요. 예수님을 믿는 우리에게는 더 이상 희생 제물이 필요하지 않아요. 예수님이 자신을 완벽한 희생 제물로 드리셔서 우리의 죄를 한 번에 영원히 가져가셨기 때문이에요.

가스펠 준비 10~20분

환영

도착하는 아이들을 반갑게 맞이하고 헌금, 출석, QT 등을 확인하며 격려한다. 새 친구가 있다면 소개한다. 아이들과 생일, 성탄절 등 특별했던 기념일에 대해 이야기해 본다. 그날을 특별하게 생각하는 이유를 묻고 이야기를 발전시켜도 좋다. 자발적으로 대화에 참여하도록 이끈다. 예) "어떤 생일이 가장 기억에 남아요? 그 이유는 무엇인가요?", "정말 재미있었던 기념일에 일어난 일을 이야기해 줄 수 있나요?" 등.

오늘 우리는 대속죄일에 대해 배울 거예요. 대속죄일은 하나님의 백성이 일 년에 한 번씩 꼭 지킨 날이었어요. '속죄'란 죄에 대한 값을 치르고 용서받아 하나님과 화해하는 것을 말해요. 예수님이 십자가에 못 박히심으로써 사람들의 죄를 대신 씻어 구원하신 일을 말하지요. '잘못된 것을 바로잡는다'라는 뜻을 가지고 있어요.

마음 열기

공통점을 찾아라 *

[준비물] 희생 제물 그림(111쪽), 포스트잇

① 희생 제물 그림을 포스트잇으로 가려 둔다.

② 아이들에게 포스트잇을 뜯어 희생 제물 그림을 하나씩 보여 주고, 그림들의 공통점이 무엇인지 맞혀 보게 한다.

어떤 그림들이 그려져 있나요? 그림들의 공통점을 찾을 수 있겠어요? 아이들의 대답을 기다린다. 맞아요! 모두 희생 제물이랍니다. 오늘 우리는 이스라엘 백성이 하나님께 드렸던 제사에 대해 배울 거예요.

어그러진 것을 제대로 돌려놓아요! *

① 아이들에게 모두 눈을 감은 채 엎드리라고 한다. 10부터 1까지 숫자를 거꾸로 세거나 "어그러진 것을 제대로 돌려놓아요!"를 외친 뒤 눈 뜨기 등의 규칙을 정해 알려 준다.

② 중간에 눈을 뜨거나 몸을 일으키는 친구는 탈락이라고 말해 준다.

③ 조용히 예배실에 있는 물건 중 하나를 다른 곳으로 옮겨 놓는다.

④ 잠시 후 아이들이 눈을 뜨면 예배실에 무엇인가 달라진 점이 있는지 찾아보게 한다. 정답을 아는 아이에게 물건을 제자리에 돌려놓으라고 한다.

TIP 아이들 중 한 명을 뽑아 물건을 조용히 옮기는 인도자의 역할을 맡겨도 좋다.

물건을 제자리에 돌려놓아 주어서 고마워요. 우리가 죄를 지으면 하나님과 우리 사이가 멀어져요. 하나님과의 관계를 돌려놓기 위해서는 잘못된 것을 바로잡는 속죄가 필요해요. **하나님은 거룩하시기 때문에 죄에 대해서 희생 제물을 요구하세요.**

85

가스펠 설교

15~30분

들어가기

편안한 복장으로 들어온다.

안녕하세요, 여러분! 다시 보게 되어 기뻐요. 우리가 다 같이 만들었던 아지트에서의 규칙을 기억하나요? 그런데 사람들이 규칙을 지키지 않았어요. 저도 포함해서요! 규칙은 좋은 것일지라도 지키기가 쉽지 않답니다. 오늘의 성경 이야기에서 이스라엘 백성도 하나님의 법을 완벽하게 지키지 못했어요. 그것은 죄에요. 그래서 하나님은 사람들이 죄를 지었을 때 어떻게 해야 하는지 알려 주셨답니다.

죄는 하나님께 불순종하는 거예요. 우리는 때때로 우리가 하지 말아야 할 일들을 할 때가 있어요. 그리고 해야 할 일을 하지 않아서 죄를 지을 때도 있지요. 이기적이거나 나쁜 태도로 죄를 지을 때도 있어요. 죄는 하나님이 아주 중요하게 생각하시는 문제예요!

연대표

광야에서
시험을 치렀어요

금송아지를
만들었어요

십계명
"하나님을 사랑하라"

십계명
"이웃을 사랑하라"

성막을
지었어요

하나님이 제사의 규칙을
정해 주셨어요

연대표에서 지난 성경 이야기들을 가리키며 아이들과 함께 복습한다. 우리는 하나님과 이웃을 사랑하라는 하나님의 법에 대해 배웠어요. 그렇지만 하나님의 법을 안다고 해서 무조건 순종할 수 있는 것은 아니에요. 이스라엘 백성은 하나님께 순종하지 못할 때가 많았어요. 우리 역시 그렇지요!

지난주 성경 이야기에서 **하나님은 하나님의 백성과 함께 계시기 위해 성막을 지으라고 하셨어요.** 성막은 하나님이 얼마나 사람들을 사랑하시는지, 그리고 그들과 함께 계시기를 원하시는지를 보여 주어요. 그리고 우리의 죄가 우리를 하나님으로부터 갈라놓았다는 것을 알려 주지요. 오늘의 성경 이야기의 제목은 "하나님이 제사의 규칙을 정해 주셨어요"예요. 하나님은 죄를 지은 사람들이 용서받을 수 있는 방법을 알려 주셨어요.

성경의 초점

2단원의 '성경의 초점'은 오늘의 성경 이야기와 연결되어 있어요. '성경의 초점'을 기억하는 친구가 있나요? 아이들의 대답을 기다린다. 맞아요! **누가 하나님의 법을 완전하게 지킬 수 있나요? 예수님 외에는 아무도 없어요.** 죄는 하나님께 중요한 문제예요. 그리고 죄에는 대가가 따른답니다. 오늘의 성경 이야기는 죄의 대가를 어떻게 치를 수 있는지에 대해 우리에게 알려 주어요.

성경 이야기

레위기 1~27장을 펴고, 설교 영상(지도자용 팩)을 보여 주거나 이야기 성경을 들려준다.

하나님은 거룩하시고, 죄를 벌하세요. 성경은 죄의 대가는 죽음이라고 말해요. 만약 우리가 죄를 지었을 때 하나님이 "괜찮아. 다음에 잘하면 돼!"라고 말씀하신다면 하나님은 거룩하신 하나님이라고 할 수 없겠지요? 하나님은 거룩하시기 때문에 우리에게도 죄를 없애기 위한 희생 제물을 요구하신답니다.

하나님이 이스라엘 백성에게 요구하신 희생 제물은 하나님이 죄인을 용서하실 것이라는 사실을 우리에게 보여 주어요.

예수님을 믿는 우리에게는 더 이상 희생 제물이 필요하지 않아요. 예수님이 자신을 완벽한 희생 제물로 드리셔서 우리의 죄를 한 번에 영원히 가져가셨기 때문이에요.

복 / 습 / 질 / 문

1 이스라엘 백성은 하나님께 제사를 드릴 때 어떤 제물을 드렸나요?

동물, 곡식, 빵 등 (레 1~7장)

2 이스라엘 백성은 언제나 하나님을 만날 수 있었나요?

아니다, 속죄 제사로 죄를 용서받아야 하나님과 화해할 수 있었다 (레 4장, 6:24~30)

3 제사장에게 주어진 많은 책임 중에서 생각나는 것을 말해 보세요.

희생 제사 드리기, 성막 지키기, 사람들에게 하나님이 원하시는 거룩한 삶에 대해 가르치기 (레 4:3~12, 8:35~36, 10:11)

4 속죄란 무슨 뜻인가요?

죄에 대한 값을 치르고 용서받아 하나님과 화해하는 것을 말한다

5 예수님이 십자가에 달려 돌아가시기 전까지 사람들은 어떻게 속죄했나요?

희생 제물을 드려 속죄했다

6 **누가 하나님의 법을 완전하게 지킬 수 있나요?**

예수님 외에는 아무도 없어요.

 ## 복음 초청

성경과 21쪽 복음 초청 가이드를 이용해서 아이들에게 그리스도인이 되는 법을 설명해 준다. 따로 상담해 줄 사람을 정해 주고 궁금한 점이 있으면 물어보도록 격려한다.

이 시간 예수님을 마음에 모시고 싶은 친구는 함께 기도해요.

 ## 기도

사랑하는 하나님, 하나님의 백성이 하나님의 법과 희생 제사를 통해 하나님과 올바른 관계를 맺도록 도와주셔서 감사합니다. 그리고 예수님을 이 땅에 보내 주셔서 우리가 더 이상 속죄를 위해 희생 제사를 드리지 않아도 되게 해 주셔서 정말 감사합니다. 예수님은 하나님의 법을 완전하게 지키셨고, 완벽한 희생 제물이 되셨습니다. 우리가 하나님의

자녀답게 거룩하게 살도록 도와주세요. 예수님의 이름으로 기도합니다. 아멘.

 ## 적용

혹시 진흙이나 끈적끈적한 무언가를 밟아 본 적이 있나요? 신발에 묻은 오물을 어떻게 씻어 냈나요? 오늘의 영상을 함께 보아요.

TIP 설교 도입이나 적용으로 활용하거나 영상을 본 뒤 소그룹에서 풍성한 대화를 이어 갈 수 있습니다.

적용 예화 영상(지도자용 팩)을 보여 준다.

죄는 얼룩과 같아요. 죄 때문에 우리는 더러워져요. 우리가 스스로를 죄에서 깨끗하게 할 수 있는 방법이 있나요? 어떻게 하면 될까요?

성경은 죄의 대가는 죽음이라고 말해요. 우리가 치러야 할 값에 대해 이야기하지요. 하나님은 거룩하시기 때문에 우리는 죄에 대한 대가를 반드시 치러야 해요. 그것이 우리가 깨끗해질 수 있는 유일한 방법이에요. 그래서 하나님은 예수님을 이 땅에 보내셔서 우리가 받을 벌을 대신 받게 하셨어요. 예수님은 완벽한 희생 제물이 되셨고, 완벽한 구세주가 되셨어요! 구세주이신 예수님을 믿을 때 우리는 죄를 용서받고 완전히 깨끗해질 수 있어요.

하지만 우리가 죄를 용서받고 나면 다시는 죄를 짓지 않게 되나요? 아니에요! 그렇다면 예수님을 믿고 죄를 용서받은 이후에 우리가 해야 할 일은 무엇인가요? 회개하는 거예요. 회개란 죄를 고백하는 거예요. 우리는 죄를 고백하고, 다시 그 죄를 짓지 않도록 노력하겠다고 다짐하고, 우리의 죄를 용서하신 하나님을 찬양해야 해요. 이번 주에 죄와 싸우기 위해 우리가 할 수 있는 일은 무엇일까요? 그리스도인이 된다는 것은 절대로 죄를 짓지 않을 것이라는 뜻이 아니에요. 우리가 죄와 싸울 수 있고, 죄에서 벗어날 수 있다는 뜻이랍니다.

가스펠 소그룹

 나침반

성막 미로 찾기

[준비물] 학생용 교재 54쪽, 연필

① 성막 미로를 따라 가며 글자를 모아 빈칸에 적어 레위기 11장 45절을 완성하게 한다.

② 대제사장이 언약궤에 도착하기 위해서는 성전 기구들을 반드시 통과해야 한다고 말해 준다.

③ 성전 기구들의 이름을 설명해 준다. 미로 차례대로 번제단, 물두멍, 등잔대, 상, 분향단, 언약궤 순이다.

 보물 지도

희생 제물!

[준비물] 성경

① 성경에서 레위기를 펴게 하고 1장부터 한 장씩 넘기면서 성경 이야기에서 들었던 희생 제사에 대해 찾아보게 한다.

② 레위기는 제사장들이 사람들이 지은 죄를 대신해 희생 제물을 드리고 거룩한 삶을 살아가도록 규칙을 가르치는 책이라고 알려 준다.

하나님은 거룩하세요. 하나님은 하나님의 백성도 하나님처럼 거룩하기를 원하세요. 어떻게 해야 거룩해질 수 있을까요? 노력하거나 옳은 일을 많이 하면 거룩해질 수 있나요? 아니에요! 아무리 노력해도 우리는 죄인일 뿐이에요. **하나님은 거룩하시기 때문에 죄에 대해서 희생 제물을 요구하세요.** 구약에 나오는 희생 제물은 세상 모든 죄를 짊어지고 희생 제물이 되신 예수님을 생각나게 해요. 예수님은 한 번에, 그리고 영원히 우리의 죄를 용서받게 해 주셨고, 우리를 거룩하게 만들어 주셨어요.

 탐험하기

바로잡기 전에는 만날 수 없어요

[준비물] 학생용 교재 55쪽, 연필이나 색연필

① 아주 쉬운 수학 문제를 내서 누구나 정답을 맞힐 수 있게 한다.

예) 1+1=2, 5+5=10, 3-2=1, 7-7=0 등

② 숫자 미로를 살펴보고 '5'에서 숫자들을 더하거나 빼서 결과가 '6'이 나오는 길을 찾게 한다.

③ 계산 결과가 '6'이 나올 때까지 처음으로 돌아가 다른 길을 찾으며 계산을 바로잡게 한다. 어려워하는 아이가 있다면 도와준다.

숫자 '5'가 숫자 '6'을 만나려면 틀린 계산을 바로잡아야 했어요. 여러분은 '속죄'가 무슨 뜻인지 알고 있나요? 속죄란 죄에 대한 값을 치르고 용서받아 하나님과 화해하는 것을 말해요. 하나님과 틀어진 관계를 바로잡으려면 먼저 죄를 해결해야만 하지요. 하나님은 거룩하셔서 죄가 있으면 하나님을 만날 수 없어요.

죄인은 하나님을 만날 수 없어요.

[준비물] 학생용 교재 55쪽, 연필이나 색연필

① 이스라엘 백성이 드렸던 희생 제물을 찾아 ◯표 하게 한다.

② 우리의 죄를 대속할 희생 제물이 무엇인지에 대해 이야기를 나눈다.

하나님은 거룩하시기 때문에 죄에 대해서 희생 제물을 요구하세요. 구약에 나오는 희생 제사는 예수님이 십자가에서 죽으시고 부활하셔서 마지막 희생 제물이 되시고, 이로 인해 우리의 죄를 모두 가져가신 사건을 가리켜요. 우리는 죄에서 돌아서서 예수님을 믿으면 용서받을 수 있어요. 예수님이 우리를 의롭게 하시고 성령님을 보내 주신답니다!

나의 명령을 따르라! *

① 아이들에게 한꺼번에 따라 하기 어려운 명령을 내린다.

예) 1. 혀를 내민 채 "만세"를 외쳐라.

2. 한 손을 등 뒤로 숨긴 채 손뼉을 쳐라.

3. 왼손으로 배를 문지르고, 머리를 끄덕이면서, 오른손을 들어라.

② 아이들을 일으켜 세운 후 명령을 내리고 따라 하게 한다.

명령을 따르기가 어려웠요? 예수님이 죄를 위한 완전한 희생 제물로 이 땅에 오시기 전에, 하나님은 이스라엘 백성에게 지켜야 할 명령을 주셨어요. 그런데 이스라엘 백성은 하나님의 명령을 지키지 못했어요. 우리도 마찬가지예요! 하나님은 이스라엘 백성이 죄를 지었을 때 어떻게 희생 제사를 드려야 하는지 가르쳐 주셨어요. 그리고 예수님은 완전한 희생 제물이 되셨지요.

맞으면 엄지척! *

① 아이들에게 단어를 들려주고, 이스라엘 백성이 드렸던 희생 제사에 쓰인 예물이 맞으면 엄지손가락을 높이 들게 한다.

② 만일 희생 제사에 쓰인 예물이 아니라면 엄지손가락을 아래로 내리게 한다.

예) 소 (위) / 감자튀김 (아래) / 염소 (위) / 양 (위) / 게임기 (아래) / 비둘기 (위) / 신발 (아래) / 샌드위치 (아래)

하나님은 예수님을 이 땅에 보내셔서 우리의 죄를 한 번에 영원히 용서해 주셨어요. 그래서 우리는 더 이상 희생

제사를 드릴 필요가 없어요. 더 중요한 사실은 예수님이 십자가에서 죽으심으로 우리가 받아야 할 죄의 벌을 대신 받으셔서 우리가 죄로 인해 죽지 않아도 된다는 거예요. 이것이 바로 우리가 예수님을 찬양하는 이유랍니다!

 ## 보물 상자

나만의 기록장

[준비물] 학생용 교재 56쪽, 연필이나 색연필

죄를 짓지 않고 순종하는 일은 매우 어려워요. 순종하기 어려웠던 순간이 있었나요?

① 아이들이 순종하기 어려웠던 순간을 떠올려 보게 한 뒤 함께 나누어 본다. 집, 학교, 교회, 방과 후 활동을 하면서 있었던 일을 생각해 보라고 한다.

② 당시의 마음 상태를 하나님께 이야기하는 것처럼 그림이나 글로 표현해 보라고 한다.

규칙을 따르는 것은 쉽지 않은 일이에요. 하나님은 하나님의 백성에게 십계명을 주셔서 지키게 하셨지만, 사람들은 그 계명들을 지키지 못했어요. 야고보서 2장 10절은 우리가 열심히 노력해서 하나님의 법 전체를 지키다가 딱 하나를 어기더라도 하나님의 법 전체를 어기는 것이 된다고 말해요. **하나님은 거룩하시기 때문에 죄에 대해서 희생 제물을 요구하세요.** 하나님은 우리를 죄에서 구하시기 위해 예수님을 이 땅에 보내셔서 십자가에서 죽으시고 부활하게 하셨어요.

메시지 카드

이번 주 메시지 카드로 부모님과 함께 오늘 배운 성경 이야기를 나누어 보라고 한다.

기도

거룩하신 하나님, 우리가 지은 죄를 용서받을 수 있도록 예수님을 보내 주셔서 감사합니다. 우리를 사랑하셔서 십자가에서 죽으시고 부활하심으로 구원해 주신 예수님, 감사합니다. 우리 안에 계신 성령님, 날마다 우리의 마음을 새롭게 해 주시고 예수님을 더욱 닮아 갈 수 있도록 도와주세요. 예수님의 이름으로 기도합니다. 아멘.

10
오직 하나님만 예배해요

신 1장, 3:23~4:40

본문 속으로

하나님은 아브라함과 그의 후손과 맺은 언약을 신실하게 지키셨습니다. 하나님은 이스라엘 백성을 하늘의 별같이 많게 하셨고(신 1:10), 가나안 땅 앞으로 인도하셨습니다(신 1:8). 그들이 해야 할 일은 약속의 땅을 정복하는 것이었습니다.

그러나 이스라엘 백성은 거부했고, 열두 명의 정탐꾼들을 보냈습니다. 정탐꾼들의 보고를 통해 가나안 족속에 대한 설명을 들은 그들은 두려워 떨었습니다. 마찬가지로 정탐을 다녀왔던 여호수아와 갈렙이 하나님이 보호하실 것이라고 주장했지만 이스라엘 백성은 하나님을 신뢰하지 않았습니다.

그러자 하나님은 이스라엘 백성을 벌하셨습니다. 그들은 광야에서 40년 동안 유리했습니다. 믿지 않은 사람들은 아무도 약속의 땅에 들어가지 못했습니다. 하나님께 불순종한 모세도 들어가지 못했습니다. 여호수아와 갈렙, 그리고 광야에서 태어나고 자란 자손만이 그 땅에 들어갈 수 있었습니다. 이스라엘 백성이 가나안 땅의 경계에 이르렀을 때 출애굽을 경험한 성인들은 대부분 사망한 상태였습니다. 아이들은 성인으로 자랐고, 대부분의 사람들은 광야에서 태어난 이들이었습니다. 신명기의 첫 부분에서 모세의 설교를 들은 새로운 세대는 바로 이들을 가리킵니다.

모세는 이스라엘의 역사를 회고하며 이스라엘 백성에게 하나님을 신뢰하도록 격려했습니다. 신명기 4장은 이스라엘의 새로운 세대를 향한 모세의 명령을 기록하고 있습니다. 모세는 이스라엘 백성에게 하나님께 순종할 것과 이스라엘의 역사를 기억해 우상 숭배를 피할 것을 명령했습니다. 모세는 지금까지 이런 큰 일이 있었는지 상고해 보라고 말했습니다(신 4:32). "이것을 네게 나타내심은 여호와는 하나님이시요 그 외에는 다른 신이 없음을 네게 알게 하려 하심이니라"(신 4:35).

모세는 이스라엘 백성에게 하나님께 순종하라고 명령했습니다. 또한 오직 하나님만 예배하라고 했습니다. 하나님만 유일한 진짜 신이시기 때문입니다. 주변 민족들은 다신교(여러 신을 믿음)나 단일 신교(여러 신을 믿는데 그중 한 신을 주신으로 섬김) 사상을 가지고 있었지만 성경은 하나님이 한 분이심을 단언합니다(신 6:4~9).

주 제
오직 하나님만 진짜 신이시며,
하나님 외에는 아무도 없어요.

가스펠 링크
우리는 유일한 진짜 신이신 하나님만 예배해야 해요. 하나님의 아들이신 예수님을 믿으면 영원한 생명을 얻을 수 있어요.

● ● 티칭 포인트
아이들에게 모세가 전한 하나님의 말씀을 가르쳐 주면서, 우리가 예수님을 믿으면 하나님으로부터 영원한 생명을 얻는다는 사실을 강조해 주십시오. 우리는 유일한 진짜 신이신 하나님께 순종해야 한다고 말해 주십시오.

✝

오직 하나님만 예배해요 신 1장, 3:23~4:40

모세와 이스라엘 백성은 광야에서 40년을 살았어요. 모세가 이집트의 노예 생활에서 그들을 구해 냈을 때 어린이였던 사람들은 성인이 되어 그 모든 시간을 기억했어요. 젊은 사람들은 광야에서 태어나 부모님과 할아버지, 할머니로부터 하나님이 이스라엘 백성에게 하신 일에 대해 들으며 자랐어요.

마침내 이스라엘 백성은 하나님이 그들에게 주겠다고 하신 약속의 땅 앞에 도착했어요. 이제 나이가 아주 많이 든 모세는 이스라엘 백성에게 새로운 보금자리가 될 약속의 땅에 들어가기 전에 들어야 할 하나님의 말씀을 전해 주었어요.

먼저, 모세는 왜 이스라엘 백성이 광야에서 오랫동안 살게 되었는지를 떠올려 주었어요. "오래전에 하나님은 우리에게 아브라함과 이삭과 야곱, 그리고 후손인 우리에게 약속하신 땅으로 들어가라고 말씀하셨습니다. 그 땅은 가나안입니다. 열두 명의 정탐꾼들이 약속의 땅을 정탐한 후 하나님이 우리에게 주시는 땅이 좋더라고 이야기했습니다. 그러나 우리는 그 땅에 사는 사람들이 두려워 들어가지 않으려고 했습니다. 하나님은 우리를 여기까지 인도하셨지만, 우리가 하나님을 신뢰하지 않았습니다. 따라서 하나님은 하나님께 불순종한 사람은 약속의 땅에 들어가지 못한다고 말씀하셨습니다. 저도 들어가지 못하게 되었습니다. 하나님을 완전히 믿은 여호수아와 갈렙, 그리고 우리의 자녀들만이 약속의 땅에 들어가게 될 것입니다. 광야에서 40년을 보내는 동안 아기들이 태어났고, 어린이들은 성인이 되었고, 하나님께 불순종한 사람들은 죽었습니다. 이제 하나님의 백성이 약속의 땅에 들어갈 때가 되었습니다. 하나님은 여호수아를 지도자로 세우라고 하셨습니다. 이제 여호수아가 여러분을 약속의 땅으로 인도할 것입니다."

다음으로, 모세는 이스라엘 백성에게 하나님의 명령을 떠올려 주었어요. "약속의 땅에 들어가면 하나님의 규칙을 지키고, 하나님이 여러분에게 하신 일들을 기억하십시오. 그리고 자녀들과 손자들에게 가르치십시오." 모세는 경고의 말씀도 전했어요. "여러분을 위해 우상을 만들지 마십시오. 여러분이 만든 것을 예배하거나 하나님이 만드신 어떤 것이라도 예배하지 마십시오. 오직 하나님만 예배해야 합니다. 만약 옳지 않은 일을 행하면 하나님이 여러분을 여러 민족 중에 흩으실 것입니다. 그러나 하나님은 여러분을 떠나지 않으실 것입니다. 여러분이 하나님을 찾으면 만날 수 있을 것입니다. 하나님의 언약을 잊지 않으실 것입니다. 하나님은 긍휼의 하나님이십니다."

모세는 이스라엘 백성에게 하나님이 세상을 창조하신 이후부터 행하신 모든 일을 떠올려 주었어요. "기억하십시오. 오직 하나님만 진짜 신이시며, 하나님 외에는 아무도 없습니다. 하나님은 천지만물 가운데 계십니다. 하나님께 순종하면 하나님이 주신 땅에서 오래 살게 될 것입니다."

🔲 가스펠 링크

모세는 이스라엘 백성에게 하나님께 순종하라고 말했어요. 유일한 진짜 신이신 하나님만 예배해야 한다고 말했어요. 우리는 하나님의 아들이신 예수님을 믿으면 영원한 생명을 얻을 수 있어요. 그리고 우리가 예수님께 순종하는 이유는 예수님이 하나님이시기 때문이에요.

가스펠 준비 10~20분

👑 환영

도착하는 아이들을 반갑게 맞이하고 헌금, 출석, QT 등을 확인하며 격려한다. 새 친구가 있다면 소개한다. 편안한 분위기에서 안부를 물으며 오늘의 말씀과 관련된 화제로 이야기를 나눈다. 자발적으로 대화에 참여하도록 이끈다.

예) "오늘 교회에 올 때 기분이 어떠했나요?", "지난주 중에 하나님께 예배를 드린 적이 있나요?" 등.

마음 열기

무슨 이야기가 기억나나요? *

[준비물] 메시지 카드

① 둥글게 모여 앉아 가운데 바닥에 메시지 카드를 펼쳐 둔다.

② 메시지 카드를 보고 생각나는 성경 이야기가 있는지 물어본다.

③ 하나님이 모세를 부르시고 이스라엘 백성을 이끄신 이야기를 순서대로 나열해 보게 한다.

　　　하나님은 하나님의 백성을 이집트에서 구하셔서 약속의 땅으로 인도하셨어요. 하나님은 십계명을 주셨고, 성막을 짓기 위한 특별한 지시를 내려 주셨어요. 오늘 우리는 **하나님만 진짜 신이시며, 하나님 외에는 아무도 없다**는 것에 대해 배울 거예요.

과거를 기억하나요? *

[준비물] A4 용지, 사인펜

① A4 용지와 사인펜을 나누어 준 뒤 좋아하는 음식, 영화, 장난감, 음악 등을 적게 한다(글씨 쓰기를 어려워하는 아이가 있다면 도와준다).

② 1년이나 2년 전에 좋아했던 음식, 영화, 장난감, 음악 등을 적어 보라고 한다.

　　　여러분이 1년 전에 좋아했던 것들을 기억할 수 있었나요? 우리가 좋아하는 것들은 매년 바뀌지만 하나님의 말씀은 절대 바뀌지 않아요. 하나님은 이스라엘 백성에게 하나님이 행하셨던 일을 떠올려 주셨어요. **오직 하나님만 진짜 신이시며, 하나님 외에는 아무도 없어요.**

예전에 유행했던~ *

① 유치원에 다닐 때 즐겨 부르던 노래와 율동이 무엇인지 물어보고, 기억나는 아이에게 시범을 보여 달라고 한다.

② 예전에 유행했던 유행어나 춤을 직접 보여 주거나 동영상을 준비해 보여 준다.

③ 따라 할 수 있는 아이들이 있다면 발표할 시간을 준다.

　　　이 유행어나 춤은 옛날에 유행했던 거예요. 지금은 좀 어색하게 느껴지지요? 시간이 지나면서 유행이나 춤추는 방식은 바뀌지만 하나님의 말씀은 바뀌지 않아요. 우리는 오직 하나님만 예배해요. **오직 하나님만 진짜 신이시며, 하나님 외에는 아무도 없어요.**

가스펠 설교

들어가기

[준비물] 화이트보드, 보드마커

편안한 복장으로 들어온다. 2주 전에 화이트보드에 적어 놓았던 아지트의 규칙을 지우고, 찌푸린 얼굴 그림과 함께 '동생이 최고!'라는 글을 미리 써 둔다.

여러분, 안녕하세요! 와, 공기가 정말 좋아요. 여러분도 느끼나요? 숨을 깊이 들이마신다. 나무 위 아지트에서만 느낄 수 있는 나무 냄새까지 참 좋네요. 다시 만나서 반가워요! 손가락으로 화이트보드를 가리킨다. 보다시피 제 동생이 아지트에 몰래 들어와서 전에 우리가 써 놓은 규칙을 다 지워 버렸어요. 혹시 규칙이 무엇이었는지 기억하나요? 저를 좀 도와주세요. 아이들의 대답을 듣고 규칙을 적는다. '동생 금지'라는 규칙 아래에는 밑줄을 두 개 긋는다. 와, 이제 되었어요! 도와주어서 고마워요. 아무래도 규칙을 외워야겠어요. 제 동생이 또 와서 지워 버릴지도 모르니까요.

연대표

십계명 "하나님을 사랑하라"   십계명 "이웃을 사랑하라"

성막을 지었어요   하나님이 제사의 규칙을 정해 주셨어요

오직 하나님만 예배해요   하나님의 언약을 기억해요

이스라엘 백성은 광야에서 40년을 보낸 후에도 하나님의 말씀을 잘 기억했을까요? 그래요! 40년이라는 시간이 흘렀어요. 하나님은 계속해서 그들에게 놀라운 일들을 행하셔서 하나님의 신실하심을 보여 주셨지요. 그렇지만 이스라엘 백성은 하나님의 명령과 하나님이 보여 주신 사랑을 잊어버리고 말았답니다.

오늘의 성경 이야기는 모세가 이스라엘 백성에게 하나님의 선하심을 떠올려 준 특별한 설교에 관한 이야기예요. "오직 하나님만 예배하라"라는 내용의 설교이지요.

성경의 초점

누가 하나님의 법을 완전하게 지킬 수 있나요? 예수님 외에는 아무도 없어요. 어쩌면 여러분은 오늘의 성경 이야기를 들으면서 '이스라엘 백성은 정말 어리석어. 어떻게 그처럼 큰 실수를 저지를 수가 있지?'라고 생각할 수도 있어요. 하지만 이렇게 생각해 보세요. '나도 이스라엘 백성처럼 될 수 있어! 나도 죄인이니까'라고요. 그리고 예수님을 보내 주신 하나님을 찬양해 보세요. 예수님은 항상 하나님을 신뢰하시고, 우리도 하나님을 신뢰할 수 있도록 도와주시거든요!

성경 이야기

신명기 1장, 3장 23절~4장 40절을 펴고, 설교 영상(지도자용 팩)을 보여 주거나 이야기 성경을 들려준다.

광야에서 40년을 보낸 후 이제 이스라엘 백성은 약속의 땅에 들어갈 준비가 되었어요. 처음 약속의 땅 앞에 이르렀을 때 그들은 하나님이 이스라엘 백성을 약속의 땅으로 인도하시겠다는 약속을 지키실 것이라고 믿지 않았어요! 그에 대한 벌로 하나님은 이스라엘 백성을 광야에서 40년 동안 살게 하셨어요. 그러면서 불순종했던 사람들이 모두 죽게 하셨답니다. 하나님을 믿었던 여호수아와 갈렙만이 이스라엘의 '새로운 세대'와 함께 약속의 땅으로 들어갈 수 있도록 허락받았어요. '새로운 세대'란 광야에서 태어나서 자란 사람들을 의미해요.

모세는 새로운 세대에게 하나님이 광야에서 그들을 돌보셨던 놀라운 일들에 대해 이야기했어요. **하나님만 진짜 신이시며, 하나님 외에는 아무도 없다**고 말했어요. 모세는 이스라엘 백성에게 하나님께 순종하라고 말했어요. 유일한 진짜 신이신 하나님만 예배해야 한다고 말했어요. 우리는 하나님의 아들이신 예수님을 믿으면 영원한 생명을 얻을 수 있어요. 그리고 우리는 유일한 진짜 신이신 하나님만 예배해야 해요.

복 / 습 / 질 / 문

1️⃣ 이스라엘 백성은 몇 년 동안 광야에 있었나요?

　40년 (신 1:3)

2️⃣ 이스라엘 백성이 약속의 땅에 들어가기 전에 그들에게 하나님의 말씀을 전한 사람은 누구인가요?

　모세 (신 1:3)

3️⃣ 모세는 약속의 땅에 들어갈 수 있었나요?

　하나님께 불순종했기 때문에 들어갈 수 없었다 (신 3:26)

4️⃣ 모세는 이스라엘 백성이 오직 하나님만 예배하지 않거나 하나님의 명령에 불순종하면 어떤 일이 일어날 것이라고 말했나요?

　하나님이 그들을 여러 민족 중에 흩으실 것이다 (신 4:25~27)

5️⃣ **누가 하나님의 법을 완전하게 지킬 수 있나요?**

　예수님 외에는 아무도 없어요.

모세조차도 약속의 땅에 들어가지 못했어요. 모세가 죽은 후 여호수아가 새로운 세대를 약속의 땅으로 인도했지요(민 20:12). 오늘의 성경 이야기에서 이스라엘 백성이 저지른 실수를 들을 때 그들이 정말 어리석다는 생각이 들었나요? 그렇다면 '나도 이스라엘 백성처럼 될 수 있어! 나도 죄인이니까'라고 생각하기를 바라요. 그리고 예수님을 보내서서 하나님께 완전하게 순종하게 하신 하나님의 은혜를 생각해 보세요.

복음 초청

성경과 21쪽 복음 초청 가이드를 이용해서 아이들에게 그리스도인이 되는 법을 설명해 준다. 따로 상담해 줄 사람을 정해 주고 궁금한 점이 있으면 물어보도록 격려한다.

이 시간 예수님을 마음에 모시고 싶은 친구는 함께 기도해요.

기도

사랑하는 하나님, 우리에게 하나님의 능력과 사랑을 보여 주셔서 감사합니다. 우리가 하나님을 믿고, 하나님만 유일한 진짜 신이시라는 것을 기억하게 해 주세요. 하나님의 아들이신 예수님을 보내서서 십자가에서 죽으시고 부활하게 하심으로 우리에게 영원한 생명을 주신 하나님, 감사합니다. 예수님의 이름으로 기도합니다. 아멘.

적용

🆃🅸🅿 설교 도입이나 적용으로 활용하거나 영상을 본 뒤 소그룹에서 풍성한 대화를 이어 갈 수 있습니다.

📀 적용 예화 영상(지도자용 팩)을 보여 준다.

친구에게 받은 선물이 단 하나뿐인 특별한 티셔츠가 아니라는 사실을 알게 된 잭은 그 선물을 좋아했을까요? 멋진 티셔츠와 달리 **하나님은 유일하고 특별한 진짜 신이시며, 하나님 외에 다른 신은 아무도 없어요.** 이 사실이 우리가 하나님께 드리는 사랑과 예배에 어떤 영향을 주나요?

우리가 어떤 사람을 특별하게 생각한다면 우리는 그와 이야기를 나누고, 그의 말을 귀 기울여 듣고, 우리의 사랑을 보여 주려고 할 거예요. 이번 주에 하나님께 우리의 사랑을 어떻게 보여 드릴 수 있을까요?

우리가 거룩하게 살려고 하는 것은 하나님의 사랑과 용서를 받기 위해서가 아니에요. 하나님은 예수님을 믿는 우리에게 사랑과 용서를 이미 선물로 주셨어요. 하나님께 우리의 사랑을 보여 드리기 위해 우리가 생각해 내는 모든 방법은 하나님의 선하심과 자비하심에 대한 자연스러운 표현이어야 해요. 하나님의 은혜를 받기 위해 우리가 할 수 있는 일이란 아무것도 없답니다.

가스펠 소그룹

10~20분

나침반

암송 구절 빈칸 채우기

[준비물] 학생용 교재 60쪽, 연필

보기 에서 알맞은 단어를 찾아 빈칸에 써서 레위기 11장 45절을 완성해 보세요.

나는 너희의 하 나 님 이 되려고
너희를 애 굽 땅에서 인 도 하여 낸
여 호 와 라
내가 거 룩 하니 너희도 거 룩 할지어다

레위기 11장 45절

하나님은 거룩하세요. '하나님은 거룩하시다'라는 말은 '하나님은 옳은 일을 행하시는 분이며, 죄와는 완전히 분리되신다(상관없으시다, 구별되신다)'라는 뜻이에요. 하나님이 이스라엘 백성에게 명령하신 것처럼 우리는 죄에서 구별되어야 해요. 그런데 우리 힘으로는 할 수 없어요. 그래서 하나님은 예수님을 보내서 예수님을 믿는 사람들을 죄에서 구원하셨어요.

보물 지도

몸으로 표현해요

[준비물] 성경

① 성경에서 신명기 1장, 3장 23절~4장 40절을 펴게 한다.

② 자원하는 아이를 앞으로 나오게 한 후 하나님이 이스라엘 백성을 위해 행하셨던 놀라운 일들을 몸으로 표현하게 한다. 나머지 아이들에게 따라 하라고 한다.

예) 1. 하나님은 광야에서 이스라엘 백성을 돌보셨다(신 1:31). → 만나와 메추라기를 모으는 행동을 하거나 모세가 지팡이로 바위를 쳐서 물이 나오게 하는 장면을 표현한다.

2. 하나님은 호렙 산 불길 가운데서 이스라엘 백성에게 말씀하셨다(신 4:12). → 손으로 트럼펫을 부는 흉내를 낸다.

3. 하나님은 십계명을 주셨다(신 4:13). → 열 손가락을 들어 보인다.

4. 하나님은 놀라운 기적을 보이셔서 이스라엘 백성을 이집트에서 인도해 내셨다(신 4:34). → 개구리처럼 폴짝폴짝 뛰거나 이나 메뚜기 떼의 습격을 받은 것처럼 행동한다. 또는 악성 종기가 난 것처럼 몸을 긁는다.

5. 하나님은 이스라엘 백성을 사랑하셔서 그들을 하나님의 백성으로 선택하셨다(신 4:37). → 양팔을 교차해 가슴을 안는다.

TIP 시내 산과 호렙 산은 같은 곳이다. 모세는 두 용어를 같이 사용했는데, 신명기에서는 호렙 산으로 표현했다.

탐험하기

비밀 메시지를 찾아라

[준비물] 학생용 교재 61쪽, 연필

① 각 줄의 짝수 번째 글자를 지우고 남은 글자를 빈칸에 적어 보게 한다.

② 비밀 메시지를 다 같이 읽어 본다.

오직 하나님만 진짜 신이시며,
하나님 외에는 아무도 없어요.

비밀 메시지는 10과의 주제였네요! **하나님만 진짜 신이시며**, 우리는 진짜 신이신 하나님만 예배해야 해요. 모세는 이스라엘 백성에게 **하나님만 진짜 신이시라는 것**을 떠올려 주었어요. **하나님 외에는 아무도 없어요.** 하나님이 이스라엘 백성을 선택하신 이유는 그들이 선해서가 아니라 하나님이 선하신 분이기 때문이에요. 하나님은 약속을 반드시 지키시는 분이랍니다. 하나님은 아브라함과 이삭과 야곱에게 그들의 후손을 약속의 땅으로 인도하겠다고 약속하셨어요. 하나님은 이스라엘 백성이 결국 하나님께 불순종하고 다른 신들을 섬길 것을 아셨어요. 그렇지만 그들이 잘못을 회개하고 하나님께 돌아온다면 그들을 받아 주겠다고 약속하셨어요. 또한 하나님은 예수님을 이 땅에 보내서 우리가 예수님을 믿고 우리의 죄를 회개할 때 우리를 구원해 주신답니다. 우리는 하나님께 사랑과 경외하는 마음을 담아서 찬양하고 예배드릴 수 있어요.

행동으로 기억하기 *

① 인도자가 '능력', '인도', '행하심'이라는 세 단어를 각각 크게 부를 때 해당하는 미션을 수행하게 한다.

② 각 단어에 해당하는 미션을 알려 주고, 무작위로 하나씩 부른다.

　예) 1. 능력 : 팔을 굽혀 알통을 만든다.

　　　 2. 인도 : 한 손을 앞으로 쭉 편다.

　　　 3. 행하심 : 제자리에서 껑충 뛴다.

③ 천천히 시작했다가 점점 속도를 높여 아이들이 최대한 빠르게 움직이도록 한다.

　　　말하는 대로 움직이는 것이 쉬웠나요, 어려웠나요? 하나님은 이스라엘 백성에게 큰 능력을 나타내셨어요. 모세가 태어날 때부터 광야에서 생활할 때에도 계속해서 함께하시면서 그들을 약속의 땅으로 인도하셨지요. 하나님은 이스라엘 백성에게 **오직 하나님만 진짜 신이시며, 하나님 외에는 아무도 없다**는 것을 보여 주셨어요. 하나님은 이스라엘 백성을 사랑하기로 결정하셨고, 그들에게 하나님의 언약을 주셨어요. 하나님은 아들이신 예수님을 우리에게 보내 주셨어요. 예수님은 십자가에서 죽으시고 부활하셔서 우리를 죄에서 구원하셨어요. 언젠가 예수님을 통해 세상의 모든 나라가 복을 받을 거예요.

하나님이 하셨어요! *

[준비물] A4 절반 크기의 도화지, 나무 막대, 목공용 풀, 사인펜이나 색연필

① 아이들에게 도화지와 사인펜이나 색연필을 나누어 준 뒤 상단에 10과의 주제를 적으라고 한다.

② 주제 아래 하나님이 자신에게 행하신 놀라운 일들을 그리게 한다.

③ 나무 막대와 목공용 풀을 사용해 삼각대 모양의 액자 틀을 만든 후 풀이 잘 마를 때까지 기다린다.

④ 액자 틀에 자신이 그린 그림을 올려놓은 뒤 차례대로 친구들에게 설명하게 한다.

　　　여러분이 만든 예쁜 액자를 집에 가져가서 눈에 띄는 곳에 두세요. 그리고 액자를 볼 때마다 하나님의 신실하심을 떠올리세요. 우리가 하나님께 예배하고 순종하는 이유는 **오직 하나님만 진짜 신이시며, 하나님 외에는 아무도 없기** 때문이에요.

보물 상자

나만의 기록장

[준비물] 학생용 교재 62쪽, 연필이나 색연필

① 어린 시절을 기억하며 재미있었던 일을 떠올려 보게 한다. 몇 살 때 어떤 일이 기억나는지 물어보고, 그림이나 글로 표현하게 한다.

　예) 생일 파티나 가족 여행, 동생이 태어난 일 등.

② 아이들이 활동하는 동안, 그 일이 일어났던 날 하나님이 아이들에게 보여 주셨던 신실하심에 대해 이야기를 나눈다. 또한 하나님은 우리의 모든 순간에 함께하시며 때로 마음이 아픈 순간에도 항상 신실하시다는 것을 떠올려 준다.

　　　하나님은 이스라엘 백성이 하나님의 언약을 떠올리게 하셨어요. 우리도 우리가 그린 그림을 보면서 하나님의 선하심을 기억하도록 해요!

메시지 카드

이번 주 메시지 카드로 부모님과 함께 오늘 배운 성경 이야기를 나누어 보라고 한다.

기도

하나님, 우리에게 영원한 사랑과 신실하심을 보여 주셔서 감사합니다. 날마다 하나님의 선하심을 기억하고, 유일한 진짜 신이신 하나님만 예배하게 해 주세요. 예수님의 이름으로 기도합니다. 아멘.

11

하나님의
언약을
기억해요

신 5:1~6:25, 8:1~11:1, 11:26~28

단원 암송

나는 너희의 하나님이 되려고
너희를 애굽 땅에서 인도하여 낸 여호와라
내가 거룩하니 너희도 거룩할지어다(레 11:45).

성경의 초점

누가 하나님의 법을 완전하게 지킬 수 있나요?
예수님 외에는 아무도 없어요.

본문 속으로

하나님은 모세를 통해 이스라엘 백성을 이집트에서 인도해 내신 후 광야에서 그들을 만나 주셨고, 언약을 맺으셨습니다. "세계가 다 내게 속하였나니 너희가 내 말을 잘 듣고 내 언약을 지키면 너희는 모든 민족 중에서 내 소유가 되겠고 너희가 내게 대하여 제사장 나라가 되며 거룩한 백성이 되리라 너는 이 말을 이스라엘 자손에게 전할지니라"(출 19:5~6).

하나님은 모세와 다섯 가지 언약을 맺으셨습니다. 첫째, 이스라엘 백성은 하나님의 소유가 될 것이다(출 19:5), 둘째, 이스라엘 백성은 하나님의 제사장 나라가 될 것이다(출 19:6), 셋째, 이스라엘은 거룩한 백성이 될 것이다(출 19:6), 넷째, 하나님은 이스라엘 백성을 대적들로부터 보호하실 것이다(출 23:22), 다섯째, 하나님은 이스라엘 백성에게 자신이 자비롭고 은혜롭고 노하기를 더디 하는 분임을 나타내실 것이다(출 34:6~7).

언약에 대한 하나님의 조건은 매우 명확합니다. "내가 오늘 명하는 모든 명령을 너희는 지켜 행하라"(신 8:1).

"내가 오늘 네게 명하는 여호와의 명령과 법도와 규례를 지키지 아니하고 네 하나님 여호와를 잊어버리지 않도록 삼갈지어다"(신 8:11). "네가 만일 네 하나님 여호와를 잊어버리고 다른 신들을 따라 그들을 섬기며 그들에게 절하면 … 너희가 반드시 멸망할 것이라"(신 8:19).

신명기의 앞부분에서 이스라엘 백성은 약속의 땅의 경계에 있었습니다. 모세는 이스라엘 백성에게 하나님이 행하신 일들을 떠올려 주었습니다. 그는 하나님의 계명을 가르치고 하나님만 예배하라고 말했습니다. 믿음과 신뢰, 사랑을 통해 이스라엘 백성은 자비, 은혜, 용서의 축복을 받았습니다. 모세의 메시지는 분명했습니다. "기억하십시오!"

성경은 이스라엘 백성이 언약을 지키지 않았다고 말합니다(겔 16:59; 호 6:7). 그러나 하나님은 그들에게 자비를 보이셨습니다. 하나님의 새로운 언약은 순종이 아니라 이스라엘 백성의 마음의 중심을 중요하게 여겼습니다(렘 31:31~34).

◐ ● 티칭 포인트

하나님의 은혜를 우리의 순종으로 얻는 것이 아니라는 것을 아이들에게 알려 주십시오. 또한 우리의 불순종이 우리를 하나님으로부터 갈라놓을 수 없다는 것도 말해 주십시오. 하나님은 우리가 믿음으로 우리의 빈손을 하나님께 내어 드릴 때 우리를 축복하십니다.

주 제

하나님은 하나님의 백성에게
하나님의 언약을 떠올려 주셨어요.

가스펠 링크

하나님의 계획은 예수님을 보내
하나님의 백성을 죄에서 구원하시고
온 세상에 복을 주시는 거예요.

✝

하나님의 언약을 기억해요 신 5:1~6:25, 8:1~11:1, 11:26~28

"이스라엘이여, 제 말을 들으십시오!" 모세는 모든 이스라엘 백성을 불러 모았어요. 그들은 광야에서 하나님이 약속하신 땅으로 들어가기 직전이었지요. 하나님은 모세를 통해 이스라엘 백성에게 중요한 말씀을 전해 주셨어요. 모세는 "이스라엘이여, 오늘 제가 여러분에게 들려주는 하나님의 규칙과 법을 듣고, 배우고, 지켜 행하십시오"라고 말했어요. 모세는 하나님이 시내 산에서 이스라엘 백성과 언약을 세우신 일을 떠올려 주었어요. 하나님은 "너희가 내 말을 듣고 내 규칙에 순종하면 너희는 내 백성이 될 것이다"라고 말씀하셨지요.

하나님은 이스라엘 백성에게 십계명을 주셨어요. "너는 나 외에는 다른 신들을 네게 두지 말라", "너를 위하여 새긴 우상을 만들지 말고 … 섬기지 말라", "너는 네 하나님 여호와의 이름을 망령되게 부르지 말라", "안식일을 기억하여 거룩하게 지키라", "네 부모를 공경하라", "살인하지 말라", "간음하지 말라", "도둑질하지 말라", "네 이웃에 대하여 거짓 증거하지 말라", "네 이웃의 집을 탐내지 말라"예요.

모세는 이렇게 말했어요. "하나님은 모든 하나님의 법과 규칙을 가르쳐 정확히 지키게 하라고 말씀하셨습니다. 그러면 우리에게 복이 있을 것이며, 우리가 차지한 땅에서 오랫동안 살 것이라고 하셨습니다. 이스라엘이여, 들으십시오! 우리 하나님 여호와는 오직 한 분이십니다. 그러므로 마음과 뜻과 힘을 다해 하나님 여호와를 사랑하십시오. 이 말씀을 자녀들에게 잘 가르치되 집에 앉아 있을 때나 길을 걸을 때나 누울 때나 일어날 때 그들에게 말해 주십시오."

모세는 이스라엘 백성에게 하나님이 행하실 놀라운 일들에 대해 말해 주었어요. "하나님은 여러분을 가나안 땅으로 인도하겠다고 약속하셨습니다. 하나님은 그 땅을 여러분의 선조인 아브라함과 이삭, 야곱에게 주겠다고 약속하셨고 그 약속을 지키실 것입니다! 그러므로 약속의 땅에 들어가서도 하나님 여호와를 잊지 말고 하나님이 여러분에게 행하신 일을 기억하십시오. 여러분을 이집트의 노예 생활에서 구하신 하나님을 찬양하고, 오직 하나님만 예배하십시오." 모세는 그 땅에 살고 있는 크고 강한 사람들에 대해서도 이야기했어요. "그러나 하나님이 여러분보다 앞서서 건너가셔서 그들을 쫓아내실 것입니다."

그리고 모세는 가장 중요한 말씀을 전했어요. "여러분이 그 땅을 차지하게 되는 것은 여러분이 의롭기 때문이 아닙니다. 하나님이 아브라함과 이삭과 야곱에게 맹세하신 언약을 이루려는 것입니다. 여러분은 목이 곧은 백성입니다." 마지막으로 모세가 말했습니다. "여러분의 하나님을 사랑하십시오. 여러분이 하나님의 명령을 지키면 복을 받을 것입니다. 그러나 하나님의 명령을 지키지 않으면 저주를 받게 될 것입니다."

●● 가스펠 링크

하나님은 아브라함과 이삭과 야곱에게 약속하신 땅을 주심으로 하나님의 약속을 지키셨어요. 약속의 땅 앞에 섰을 때 하나님은 하나님의 백성에게 하나님의 언약을 떠올려 주셨어요. 하나님은 이스라엘 백성에게 하나님께 순종하고 거룩하라고 명령하셨지만, 그들이 불순종하리라는 것도 알고 계셨지요. 하나님은 예수님을 보내 하나님의 백성을 죄에서 구하시고 온 세상에 복을 주실 계획을 이루고 계셨어요.

가스펠 준비 10~20분

환영

도착하는 아이들을 반갑게 맞이하고 헌금, 출석, QT 등을 확인하며 격려한다. 새 친구가 있다면 소개한다. 편안한 분위기에서 안부를 물으며 오늘의 말씀과 관련된 화제로 이야기를 나눈다. 자발적으로 대화에 참여하도록 이끈다.

예) "가장 최근에 했던 약속은 무엇인가요?", "초등학교에 입학할 때 부모님과 했던 약속이 있나요?", "가장 오래된 기억은 무엇인가요?" 등.

마음 열기

내 이름과 동작을 기억해 주세요 *

① 아이들을 둥글게 앉힌 뒤, 한 명씩 나와 원 가운데 서서 자신의 이름을 소개하고 동작을 보여 주어야 한다고 말해 준다. 잠시 동안 자신을 소개하는 동작을 생각할 수 있는 시간을 준다.

② 게임은 앞에 소개한 친구들의 이름과 동작을 차례로 소개한 뒤 자신의 이름과 동작을 소개하는 식으로 진행된다고 알려 준다.

예) 첫 번째 아이 : "제 이름은 ○○○이고, 저는 이렇게 움직이는 것을 좋아해요!"

두 번째 아이 : "친구의 이름은 ○○○이고, ○○○는 이렇게 움직이는 것을 좋아해요! 제 이름은 ○○○이고, 저는 이렇게 움직이는 것을 좋아해요!"

③ 마지막 아이가 친구들의 이름과 동작을 모두 말하고 자기 소개를 마칠 때까지 게임을 계속한다. 인도자가 원 가운데 서서 첫 번째 아이부터 마지막 아이까지 이름과 동작을 소개하는 것으로 마무리한다.

TIP 아이들이 동작을 기억하기 힘들어하면 서로서로 돕게 한다.

　　친구들의 이름과 동작을 떠올리기가 어려웠나요? 기억하는 것은 어려운 일이에요. 일어난 일이 많을수록, 그리고 오래될수록 더 어렵지요. 오늘의 성경 이야기에서 **하나님은 하나님의 백성에게 하나님의 언약을 떠올려 주셨어요.**

사방치기는 이렇게 하는 거야! *

[준비물] 컬러 박스 테이프

① 예배실 바닥에 컬러 박스 테이프를 이용해 사방치기 모양을 그린다.

② 아이들을 한 줄로 세우고, 자원하는 아이에게 사방치기 모양 칸을 뛰는 규칙을 나름대로 정해 시범을 보이게 한다.

예) 두 발 벌려 뛰기→한 발 뛰기→두 발 모아 뛰기→한 발 뛰기 등

③ 아이들 모두 차례대로 친구가 만든 규칙을 따라 하게 한다.

④ 동작을 따라 하지 못하면 뒷자리에 가서 앉게 하고 규칙을 따른 아이는 자신만의 새로운 규칙을 만들게 한다. 아이들은 이전의 규칙은 잊고 새로운 규칙을 따라야 한다.

　　앞 친구가 만든 규칙을 떠올리는 것이 어려웠나요? 오늘 우리는 **하나님이 하나님의 백성에게 하나님의 언약을 떠올려 주신** 이야기를 배우게 될 거예요.

가스펠 설교

들어가기

흥분하면서 들어온다.

여러분, 안녕하세요? 다시 만나서 반가워요. 여러분은 지난 주에 제게 어떤 일이 일어났는지 짐작도 못할 거예요. 제가 아지트에 갇혔거든요! 아지트에서 노는 것은 재미있지만 그 속에 갇히는 것은 전혀 재미있지 않았어요.

어떻게 갇히게 되었냐고요? 아빠가 아지트를 지으신 뒤 제 안전을 위해 만드신 규칙이 있어요. "어두워지면 아지트에 가서는 안 된다." 그런데 그날은 제가 저녁을 먹고 나서 어두울 때 몰래 아지트에 갔거든요. 처음에는 진짜 좋았어요! 손전등도 갖고 있었고, 하늘의 별들도 보였거든요. 그런데 잠시 후 피곤하고 졸려서 집에 돌아오고 싶어졌어요. 그때 알았지요. 아지트의 문이 열리지 않는다는 것을요! 저는 무서워서 마구 소리를 질렀어요. 다행히 아빠가 그 소리를 듣고 저를 구하러 와 주셨어요.

연대표

이런 일을 겪고 나니 이스라엘 백성이 떠올랐어요. 하나님은 이스라엘 백성에게 명령을 주셨지만 그들은 순종하지 않았지요. 제가 아빠가 만드신 규칙을 따르지 않은 것과 마찬가지로요! 이스라엘 백성은 불순종했기 때문에 약속의 땅 앞에 도착했지만 들어갈 수가 없었어요. 결국 그들은 40년 동안 광야를 돌아다녀야 했지요. 자신들의 죄로 인해 광야에 갇힌 거예요. 하나님은 순종하지 않은 사람들을 벌하셨어요. 출애굽 당시 아이들이었다가 어른이 된 사람들과 광야에서 태어난 사람들만 약속의 땅에 들어갈 수 있었어요. 하나님의 약속을 신뢰했던 여호수아와 갈렙과 함께 말이에요. 오늘의 성경 이야기에서 하나님은 이스라엘 백성을 약속의 땅으로 인도하시기 위한 준비를 하셨어요. 모세는 그들과 함께 갈 수 없었어요. 모세도 하나님께 불순종했기 때문이지요. 모세는 하나님의 약속에 대한 중요한 말씀을 이스라엘 백성에게 전했어요. 연대표를 살펴볼까요?

성막을 지었어요 ➡ 하나님이 제사의 규칙을 정해 주셨어요

오직 하나님만 예배해요 ➡ 하나님이 언약을 기억해요

성경의 초점

하나님의 백성이 하나님의 언약을 기억했다는 사실을 배우기 전에, '성경의 초점'을 떠올려 볼까요? **누가 하나님의 법을 완전하게 지킬 수 있나요? 예수님 외에는 아무도 없어요.** 오늘의 성경 이야기에서 모세는 이스라엘 백성에게 불순종한 결과 그들이 치러야 할 대가에 대해 말했어요. 그것은 바로 죽음이었지요. 하나님께 죄를 지으면 우리는 죽을 수밖에 없어요. 그러나 하나님은 예수님을 보내 주셔서 우리를 죄에서 구원하셨어요. 예수님은 십자가에서 죽으시고 부활하심으로써 우리가 받아야 할 벌을 대신 받으셨어요.

성경 이야기

신명기 5장 1절~6장 25절, 8장 1절~11장 1절, 11장 26~28절을 펴고, 설교 영상(지도자용 팩)을 보여 주거나 이야기 성경을 들려준다.

모세는 자신이 죽을 것이며, 이스라엘 백성을 약속의 땅으로 인도하지 못할 것을 알고 있었어요. 그래서 **하나님은 모세를 통해 하나님의 백성에게 하나님의 언약을 떠올려 주셨어요.** 모세는 이스라엘 백성에게 하나님의 선하심과 하나님이 주신 법을 기억하게 했어요. 그들이 하나님의 명령에 순종한다면 약속의 땅에서 하나님이 주시는 복을 받게 될 거예요. 그러나 순종하지 않으면 저주를 받게 될 거예요.

하나님은 아브라함, 이삭, 그리고 야곱의 후손에게 약속의 땅을 주겠다고 하신 약속을 지키셨어요. 이스라엘 백성이 약속의 땅 앞에 이르자 하나님은 그들에게 하나님의 약속을 다시 한 번 떠올려 주셨어요. 그러면서 그들에게 거룩하게 살며 하나님께 순종하라고 명하셨어요. 하나님은 그들이 불순종할 것이라는 사실도 알고 계셨답니다. 그래서 하나님은 예수님을 이 땅에 보내셔서 하나님의 백성을 죄에서 구원하시고 온 세상을 축복하셨어요.

복/습/질/문

1 언약이란 무엇인가요?

특별한 약속

2 십계명을 말해 보세요.

제1계명 : "너는 나 외에는 다른 신들을 네게 두지 말라"

제2계명 : "너를 위하여 새긴 우상을 만들지 말고 … 섬기지 말라"

제3계명 : "너는 네 하나님 여호와의 이름을 망령되게 부르지 말라"

제4계명 : "안식일을 기억하여 거룩하게 지키라"

제5계명 : "네 부모를 공경하라"

제6계명 : "살인하지 말라"

제7계명 : "간음하지 말라"(결혼의 약속을 지켜라)

제8계명 : "도둑질하지 말라"

제9계명 : "네 이웃에 대하여 거짓 증거하지 말라"

제10계명 : "네 이웃의 집을 탐내지 말라"

(신 5:4~21)

3 모세는 이스라엘 백성이 하나님의 명령에 순종하면 어떻게 된다고 말했나요?

하나님의 복을 받는다 (신 4:40)

4 이스라엘 백성은 하나님의 명령에 대해 얼마나 자주 이야기해야 했나요?

집에 앉았을 때에든지 길을 갈 때에든지 누워 있을 때에든지 일어날 때에든지, 즉 항상 (신 6:4~7)

5 모세는 약속의 땅에 들어가는 이스라엘 백성에게 누구를 기억하라고 말했나요?

하나님 (신 8:11)

6 누가 하나님의 법을 완전하게 지킬 수 있나요?

예수님 외에는 아무도 없어요.

 복음 초청

성경과 21쪽 복음 초청 가이드를 이용해서 아이들에게 그리스도인이 되는 법을 설명해 준다. 따로 상담해 줄 사람을 정해 주고 궁금한 점이 있으면 물어보도록 격려한다.

이 시간 예수님을 마음에 모시고 싶은 친구는 함께 기도해요.

 기도

사랑하는 하나님, 우리는 하나님의 법을 완전하게 지키지 못하지만, 하나님은 우리의 연약함을 모두 아십니다. 예수님은 하나님의 법을 완전하게 지키셨습니다. 언약을 맺으시고 항상 약속을 지켜 주셔서 감사합니다. 우리가 하나님만 예배할 수 있게 도와주세요. 예수님의 이름으로 기도합니다. 아멘.

 적용

🔲 설교 도입이나 적용으로 활용하거나 영상을 본 뒤 소그룹에서 풍성한 대화를 이어 갈 수 있습니다.

여러분은 무엇인가를 잊어버린 적이 있나요? 정말 중요한 일 말이에요. 오늘의 영상을 함께 보아요.

🔵 적용 예화 영상(지도자용 팩)을 보여 준다.

기억하는 일은 왜 이렇게 어려울까요? 하나님은 이스라엘 백성이 정말 중요한 것을 기억하기 원하셨어요. **하나님은 하나님의 백성에게 하나님의 언약을 떠올려 주셨어요.** 하나님은 그들이 하나님의 언약을 자녀들에게 가르치고, 매일 그것에 대해 이야기하고, 손목에 매고, 이마에 붙이고, 문틀 양 옆과 대문에 적어 두기를 바라셨어요.

하나님의 언약은 굉장히 중요해요! 그런데 슬프게도 이스라엘 백성은 하나님의 언약을 잘 지키지 못했어요. 하지만 하나님은 예수님을 이 땅에 보내셔서 예수님의 피로 인해 새로운 언약을 맺을 계획을 갖고 계셨지요. 예수님은 십자가에서 죽으시고 다시 살아나셔서 우리를 죄에서 구원하셨어요. 이번 주에 우리가 하나님의 선하심과 약속을 떠올릴 수 있는 방법을 생각해 보아요.

가스펠 소그룹

10~20분

 나침반

말씀을 기억해요

[준비물] 2단원 암송(108쪽)

① 두 팀으로 나누어 한 팀이 한 구절을 외우면 다음 팀이 따라 외우도록 연습하고, 자원자가 있다면 발표하게 해 함께 격려한다.

② 둘씩 짝을 지어 교대로 상대의 손바닥에 손가락으로 암송을 써 보게 한다.

　　모세는 이스라엘 백성에게 하나님의 법을 손목에 매고, 이마에 붙이며, 문틀 양 옆과 대문에 적어 두어 하나님의 언약을 기억하라고 말했어요.

 보물 지도

몸으로 언약을 기억해요 *

[준비물] 성경

① 둘씩 짝을 지어 성경에서 신명기 6장 1~9절을 펴게 한 뒤 아이들에게 한두 절씩 돌아가며 읽게 한다. 글을 읽지 못하는 아이가 있을 경우 인도자가 대신 읽는다.

② 성경을 읽다가 '들으라'라는 단어가 나오면 한 손을 귀에 대고 몸을 기울인 자세를 취하라고 말해 준다. 또한 '행하라'라는 단어가 나오면 손가락으로 앞을 똑바로 가리키는 자세를 취하라고 알려 준다.

③ '사랑', '마음', '뜻', '힘'이라는 단어에 해당하는 동작을 함께 의논해 만들어 본다.

④ 인도자가 다시 한 번 신명기 6장 1~9절을 읽을 때 단어에 해당하는 동작을 다 함께 취하게 한다.

　　하나님은 하나님의 백성에게 하나님의 언약을 떠올려 주셨어요. 이스라엘 백성이 해야 할 일은 하나님의 말씀을 듣고, 언약에 순종하며, 자녀들에게 가르치는 것이었지요. 하나님은 이스라엘 백성이 하나님의 말씀에 순종하면 그들을 축복할 것이고, 불순종하면 저주를 내릴 것이라고 말씀하셨어요. '모세 언약'이라고도 불리는 이 언약은 하나님이 아브라함과 맺으신 언약과는 달랐어요. 하나님이 아브라함과 언약을 맺으실 때는 그 언약을 지킬 책임이 하나님께만 있다고 말씀하셨어요. 그러나 모세 언약은 달랐지요. 이스라엘 백성에게 언약을 지켜야 할 책임이 있었어요.

하나님은 이스라엘 백성이 언약을 지키지 못할 것을 아셨어요. 언약은 그들이 죄인이라는 것과 구세주가 필요하다는 사실을 알게 해 주었지요. 우리에게도 구세주가 필요해요! 하나님은 예수님을 이 땅에 보내서서 새로운 언약을 맺게 해 주셨어요. 예수님을 믿는 사람은 누구나 죄를 용서받고 하나님과 영원히 살 수 있게 하신 거예요.

이스라엘 백성은 어디에?

[준비물] 학생용 교재 66쪽, 79쪽 가스펠 프로젝트 마크, 동전, 연필

① 연대표를 살펴보며 하나님의 구원 계획이 어떻게 진행되는지 흐름을 훑어보게 한다.

② 연대표의 빈칸을 채우게 한 뒤 《가스펠 프로젝트》 2권, 하나님의 구출 계획이 어떻게 진행되었는지 회상해 보는 시간을 갖는다.

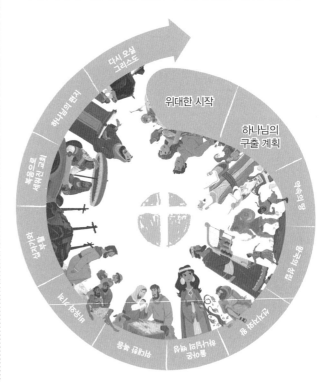

③ 둘씩 짝을 지어 동전 던지기 게임을 하게 한다. 동전을 던져서 앞(그림)이 나오면 1칸, 뒤(숫자)가 나오면 2칸 움직인다.

④ "다시 오실 그리스도"에 먼저 도착하는 사람이 승리한다.

TIP 다음 질문을 이용해 한 문제씩 답하게 하고 정답을 맞히면 앞으로 2칸, 틀리면 뒤로 1칸 움직이게 하는 게임을 할 수 있다.

1 하나님은 어디에서 모세에게 십계명을 주셨나요?

(모리아 산, 나일 강, 시내 산)

2 이스라엘 백성은 어디에서 노예 생활을 했나요?

(일본, 이집트, 에돔)

3 하나님과 이웃을 사랑하는 법을 가르쳐 주시기 위해 하나님이 주신 규칙이 무엇인가요?

(십계명, 언약, 성경)

4 이집트에서 이스라엘 백성을 이끌어 낸 사람은 누구인가요?

(모세, 파라오, 여호수아)

5 하나님의 백성을 이끌고 약속의 땅으로 들어간 사람은 누구인가요?

(모세, 아론, 여호수아)

6 광야를 지날 때 하나님이 이스라엘 백성에게 주신 음식은 무엇인가요?

(쌀, 만나, 달걀, 메추라기)

7 이스라엘 백성은 항상 하나님께 감사드렸나요?

(○, ×, 불평을 많이 했다)

8 이스라엘 백성은 항상 십계명에 순종했나요?

(○, ×, 하나님의 법을 어겼다)

9 이스라엘 백성은 얼마 동안 광야에서 떠돌아다녔나요?

(4년, 40년, 100년)

10 이스라엘 백성은 항상 하나님만 섬겼나요?

(○, ×, 금송아지를 섬기기도 했다)

11 이스라엘 진영의 가운데에는 하나님의 영광이 임재하는 무엇이 있었나요?

(성막, 성전, 예배당)

12 약속의 땅은 어디인가요?

(홍해, 가나안, 이집트)

이스라엘 백성은 약속의 땅 바로 앞에 도착했어요. 모세는 이스라엘 백성과 함께 약속의 땅에 들어갈 수 없었기 때문에 그들이 기억해야 할 중요한 말씀을 전해 주었어요. 이스라엘 백성도 하나님의 명령을 모두 기억하는 것은 어려웠어요. 이것이 **하나님이** 약속의 땅 앞에서 **하나님의 백성에게 하나님의 언약을 떠올려 주신** 이유예요. 이번 주에 하나님의 언약과 명령을 떠올릴 만한 좋은 방법이 있을까요?

 ## 탐험하기

말씀을 기억해!

[준비물] 학생용 교재 67쪽, 연필

① 약속의 땅을 앞에 두고 모세가 간절한 마음을 담아 이스라엘 백성에게 전한 메시지가 있다고 소개한다.

② 이모티콘 암호를 푸는 법을 설명해 준다.

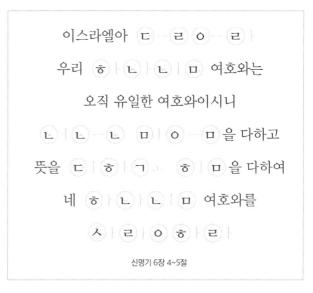

신명기 6장 4~5절

③ 말씀이 완성되면 함께 신명기 6장 4~5절을 읽는다.

④ 이 말씀을 외워 언제나 하나님을 기억하자고 격려한다.

하나님은 모세를 향해 이스라엘 백성에게 하나님의 법을 가르치라고 명령하셨어요. 모세는 이스라엘 백성에게 하나님의 법에 순종하면 복이 있을 것이라고 말했어요. 모세는 약속의 땅에 들어가서도 하나님을 잊지 말고 하나님이 행하신 일을 기억하라고 당부했어요.

나도 기억할래요! *

[준비물] A4 용지, 색연필

① 이스라엘 사람들은 하나님의 말씀을 기억하기 위해 그 말씀을 적어 손목에 매고, 이마에 붙이고, 문틀 양 옆과 대문에 기록해 두었다고 설명한다.

② 집이나 방에서 가장 잘 보이는 곳이 어디인지 물어본다(대문, 방문, 책상, 침대 머리맡 등).

③ 신명기 6장 4~5절 말씀을 A4 용지에 쓰고 예쁘게 꾸며 매일 볼 수 있는 곳에 붙여 두고 수시로 말씀을 기억하자고 격려한다.

이 십자가에 달려 죽으시고 죽은 자 가운데서 다시 살아나심으로 우리를 우리의 죄에서 구원받게 해 주셨다는 사실을 믿습니다. 우리에게 영원한 생명을 선물로 주신 하나님께 감사드리며, 예수님의 이름으로 기도합니다. 아멘.

이스라엘아 들으라 우리 하나님 여호와는
오직 유일한 여호와이시니 너는 마음을 다하고 뜻을 다하고
힘을 다하여 네 하나님 여호와를 사랑하라

신명기 6:4~5

보물 상자

나만의 기록장

[준비물] 학생용 교재 68쪽, 연필이나 색연필

① 하나님이 이스라엘 백성과 나를 위해 하신 일을 기억하는지 아이들에게 물어본다.

② 왼쪽에는 하나님이 이스라엘 백성을 위해 하신 일을, 오른쪽에는 하나님이 나를 위해 하신 일을 떠올리며 그림이나 글로 표현해 보게 한다.

하나님은 하나님의 백성에게 하나님의 언약을 떠올려 주셨어요. 나만의 기록장을 보면서 하나님의 선하심을 기억해요!

메시지 카드

이번 주 메시지 카드로 부모님과 함께 오늘 배운 성경 이야기를 나누어 보라고 한다.

기도

하나님, 예수님을 이 땅에 보내 주셔서 감사합니다. 예수님

모세가 백성에게 이르되
너희는 두려워하지 말고 가만히 서서
여호와께서 오늘 너희를 위하여
행하시는 구원을 보라
너희가 오늘 본 애굽 사람을
영원히 다시 보지 아니하리라

출애굽기 14장 13절

나는 너희의 하나님이 되려고
너희를 애굽 땅에서
인도하여 낸 여호와라
내가 거룩하니
너희도 거룩할지어다

레위기 11장 45절

물에서 건진 아기
모세 이야기

1권	2권	3권	4권	5권	6권
위대한 시작 창	**하나님의 구출 계획** 출, 레, 신	**약속의 땅** 민, 수, 삿, 룻, 삼상	**왕국의 성립** 삼상, 삼하, 왕상, 욥, 잠, 전, 시	**선지자와 왕** 왕상, 왕하, 사, 호, 욘 욜, 렘, 대하, 겔	**돌아온 하나님의 백성** 단, 스, 에, 느, 말
1단원 창조의 하나님	**1단원** 구출하시는 하나님	**1단원** 구원의 하나님	**1단원** 왕이신 하나님	**1단원** 계시하시는 하나님	**1단원** 보호하시는 하나님
1. 하나님이 세상을 창조하셨어요 2. 하나님이 사람을 창조하셨어요 3. 죄가 세상에 들어왔어요 4. 가인과 아벨이 제물을 드렸어요 5. 하나님이 노아와 가족을 구해 주셨어요 6. 바벨탑을 쌓던 사람들이 흩어졌어요	1. 모세를 부르셨어요 2. 이스라엘 백성은 재앙을 피했어요 3. 홍해를 건넜어요 4. 광야에서 시험을 치렀어요 5. 금송아지를 만들었어요	1. 약속의 땅을 정탐했어요 2. 놋뱀을 바라보았어요 3. 하나님이 여리고 성을 주셨어요 4. 죄 때문에 아이 성 전투에서 졌어요 5. 여호수아가 당부했어요	1. 이스라엘이 왕을 달라고 했어요 2. 하나님이 사울을 버리셨어요 3. 다윗이 골리앗과 맞섰어요 4. 다윗과 요나단이 친구가 되었어요 5. 하나님이 다윗과 언약을 맺으셨어요 6. 다윗이 하나님께 죄를 지었어요	1. 엘리야가 악한 아합을 꾸짖었어요 2. 엘리야가 이세벨을 피해 도망쳤어요 3. 하나님이 나아만을 고쳐 주셨어요 4. 하나님이 이사야를 부르셨어요 5. 이사야가 메시아에 대해 외쳤어요 6. 히스기야는 남 유다의 신실한 왕이었어요	1. 다니엘과 친구들이 하나님께 순종했어요 2. 사드락, 메삭, 아벳느고를 구하셨어요 3. 다니엘을 구하셨어요 4. 하나님의 백성을 고향으로 데려오셨어요 5. 성전을 다시 지었어요
2단원 언약을 맺으시는 하나님	**2단원** 거룩하신 하나님	**2단원** 다스리시는 하나님	**2단원** 지혜의 하나님	**2단원** 포기하지 않으시는 하나님	**2단원** 공급하시는 하나님
7. 하나님이 아브라함과 언약을 맺으셨어요 8. 하나님이 아브라함을 시험하셨어요 9. 하나님이 다시 약속하셨어요	6. 십계명 "하나님을 사랑하라" 7. 십계명 "이웃을 사랑하라" 8. 성막을 지었어요 9. 하나님이 제사의 규칙을 정해 주셨어요 10. 오직 하나님만 예배해요 11. 하나님의 언약을 기억해요	6. 사사들이 이스라엘 백성을 이끌었어요 7. 드보라와 바락이 노래했어요 8. 겁쟁이 기드온이 용사가 되었어요 9. 삼손에게 다시 힘을 주셨어요 10. 룻과 나오미를 보살펴 주셨어요 11. 하나님이 사무엘에게 말씀하셨어요	7. 솔로몬이 지혜를 구했어요 8. 지혜는 하나님께로부터 와요 9. 솔로몬이 성전을 지었어요 10. 이스라엘이 둘로 나뉘었어요	7. 하나님이 호세아를 통해 북 이스라엘에 사랑을 전하셨어요 8. 하나님이 요나를 통해 니느웨에 사랑을 전하셨어요 9. 하나님이 요엘을 통해 남 유다에 사랑을 전하셨어요	6. 에스더를 왕비로 세우셨어요 7. 에스더를 통해 하나님의 백성을 구하셨어요 8. 느헤미야가 예루살렘의 소식을 들었어요 9. 예루살렘 성벽을 다시 세웠어요 10. 에스라가 하나님의 율법을 읽었어요 11. 말라기가 하나님의 말씀을 전했어요
3단원 언약을 지키시는 하나님			**3단원** 주권자이신 하나님	**3단원** 새롭게 하시는 하나님	※ **절기 교재**
10. 야곱이 복을 가로챘어요 11. 하나님이 야곱에게 새 이름을 주셨어요 12. 요셉이 이집트로 팔려 갔어요 13. 요셉의 꿈이 이루어졌어요			11. 솔로몬이 산다는 것에 대해 생각했어요 12. 욥이 고난을 받았어요 13. 하나님을 찬양해요	10. 하나님이 예레미야를 부르셨어요 11. 예레미야가 새 언약에 대해 예언했어요 12. 남 유다 백성이 포로로 잡혀갔어요 13. 에스겔이 앞날의 소망을 이야기했어요	**성탄절** 1. 왕을 기다려요 2. 천사가 마리아와 요셉에게 나타났어요 3. 예수님이 태어나셨어요 4. 동방 박사들이 왕께 경배했어요 **부활절** 5. 예수님이 예루살렘에 들어가셨어요 6. 예수님이 부활하셨어요

구약2 성경의 초점과 주제

1단원 구출하시는 하나님

Q 하나님의 계획은 무엇인가요?

A 하나님의 계획은 하나님의 백성을 노예 생활에서 구하시는 거예요.

1. 하나님은 하나님의 백성을 노예 생활에서 건져 내시기 위해 모세를 구하셨어요.
2. 하나님은 하나님만 유일한 진짜 신이시라는 것을 이집트 사람들에게 보여 주셨어요.
3. 전능하신 하나님은 홍해를 갈라 이스라엘 백성이 마른 땅을 건너게 하셨어요.
4. 전능하신 하나님은 하나님의 백성의 필요를 채워 주셨어요.
5. 하나님은 금송아지를 섬긴 하나님의 백성을 벌하셨어요.

2단원 거룩하신 하나님

Q 누가 하나님의 법을 완전하게 지킬 수 있나요?

A 예수님 외에는 아무도 없어요.

6. 하나님은 우리에게 규칙을 주셔서 하나님은 거룩하시고, 우리는 죄인이라는 것을 알게 하셨어요.
7. 하나님은 우리에게 규칙을 주셔서 하나님과 이웃을 사랑하는 법을 가르쳐 주셨어요.
8. 하나님은 하나님의 백성과 함께 계시기 위해 성막을 지으라고 하셨어요.
9. 하나님은 거룩하시기 때문에 죄에 대해서 희생 제물을 요구하세요.
10. 오직 하나님만 진짜 신이시며, 하나님 외에는 아무도 없어요.
11. 하나님은 하나님의 백성에게 하나님의 언약을 떠올려 주셨어요.